W0065919

Peer Steinbrück

Das Elend der Sozialdemokratie

Anmerkungen eines Genossen

C.H.Beck

Originalausgabe

© Verlag C.H.Beck oHG, München 2018
Satz: Fotosatz Amann, Memmingen
Druck und Bindung: Druckerei C.H.Beck, Nördlingen
Umschlaggestaltung: Geviert, Grafik & Typografie, Christian Otto
Umschlagabbildung: © Susie Knoll, München
Printed in Germany
ISBN 978 3 406 72232 5

www.chbeck.de

Inhalt

«Sorge Dich! Einzelheiten später»

Jüdisches Sprichwort

Prolog oder Nekrolog?

Ja, ich weiß: Der Verlierer von 2013 sollte sich mit einer Analyse der Wahlniederlage der SPD vom September 2017 zurückhalten. Für manch einen könnte es so aussehen, als versuchte ich, eigene Verantwortung kleinzuschreiben oder nachzutreten. Es besteht jedenfalls das Risiko, missverstanden zu werden. Aber es geht hier nicht um Aufrechnung, und jeder Anflug von Häme liegt mir fern. Bereits nach der Bundestagswahl vom September 2013 drängte ich auf eine ungeschminkte Ursachenanalyse – nicht zu einer bloßen Aufzählung von Fehlern im arglistigen Blick zurück, sondern zur Sammlung von Lehrmaterial im Vorausblick auf eben diese Bundestagswahl 2017. Aber sowohl über den Koalitionsverhandlungen und der Regierungsbildung im Herbst 2013 als auch nach dem Start in die zweite große Koalition innerhalb von drei Legislaturperioden fehlte meiner Partei dafür offenbar nicht nur die Zeit, sondern auch der Wille.

Natürlich hätte eine Analyse der heftigen Wahlniederlagen der SPD 2009 und 2013, die nicht bloß auf der Oberfläche gesurft wäre, viele Tücken für Programm, Ausrichtung und Organisation der Partei sowie nicht zuletzt für einige Spitzenleute und deren Stellung im parteiinternen Kräftefeld offenbart. Deshalb blieb der Deckel auf dem Topf. Schmerzhafte und unfreundliche Abschiede von Illusionen und Ambitionen wurden niemandem zugemutet. Die SPD konzentrierte sich vier Jahre lange auf solide Sachbearbeitung ihrer Koalitionsaufgaben. Die Quittung wurde ihr am 24. September 2017 ausgestellt.

Einer der Antriebe zu dieser Streitschrift liegt in meiner Sorge, dass sich diese Verdrängung der tieferen programmatischen, strukturellen und organisatorischen Ursachen für den Abstieg der SPD wiederholen könnte. Trotz eines noch größeren Wahldebakels 2017 und im Widerspruch zu den verbalen Bekenntnissen aus vielen Ecken der Partei bis hin zum Parteivorsitzenden Martin Schulz, die SPD müsse neu anfangen oder sich neu erfinden. Was das Führungsdeck dem staunenden Publikum bis zum Abschluss dieser Niederschrift Mitte Dezember 2017 geboten hat, vermittelt den Eindruck, dass der Donner nicht gehört worden ist.

Kaum stand die SPD nach dem Knock-out des Wahlabends wieder auf den Beinen, wurden die alten innerparteilichen Reviere neu abgesteckt. Dabei folgte man der zementierten Gepflogenheit, Personalbesetzungen nach Regional-, Flügel- und Geschlechterproporz vorzunehmen. Als ob der Proporzschlüssel auch für Kompetenz, Ausstrahlung, Urteilskraft und Durchsetzungsvermögen stünde. Die Postenverteilung in der SPD-Bundestagsfraktion und in der Geschäftsführung der Parteizentrale drohte zu einer Farce zu werden.

Den wohltuenden Lichtblick des niedersächsischen Wahlergebnisses Mitte Oktober 2017 verstanden einige schon wieder als Entwarnung. Man müsse den eingeschlagenen Weg nur in Verdoppelung aller bisherigen Anstrengungen und in großer Geschlossenheit fortsetzen – Geschlossenheit als Selbstzweck und Instrument des internen Machterhalts, wie der Journalist Christoph Hickmann schrieb. Im Übrigen befinde sich die Union mit einer geschwächten Angela Merkel und angesichts einer offenen Nachfolgefrage auf einem absteigenden Ast, worüber es im Fall leichter Aufwinde für die SPD ja wieder zu einem Punkt gleicher Augenhöhe kommen könnte – fragt sich nur, auf welchem Niveau. Das hat die Qualität von politischen Sandkastenspielen – wie auch die trickreiche Vorstellung in einigen Köpfen, man solle auf einen weiteren Machtverlust von Angela Merkel setzen, indem man eine große Koalition verweigert und dann ihren Verschleiß in einer Minderheitsregierung abwartet.

Der Wahlniederlage folgte alsbald eine Reihe von Papieren – ich zählte fünf bis hin zum Entwurf eines Leitantrages für den Bundesparteitag auf Initiative des Parteivorsitzenden –, die alle den Begriff «Erneuerung» oder dessen Synonyme zum Wort des Jahres der SPD machten. Die meisten gelangten allerdings viel zu schnell an die Öffentlichkeit, ohne dass sie schon bis zum Kern der Misere der SPD vorstoßen konnten beziehungsweise wollten. Möglicherweise dienten sie in erster Linie der innerparteilichen Aufstellung ihrer Autoren mit Blick auf die bevorstehenden Wahlen zum Parteivorstand. Die Protagonisten hielten sich mit schmerzhaften Befunden zur Wahlniederlage überwiegend zurück oder segelten in vertrauten Gewässern, um sich nach einer möglicherweise transitorischen Phase mit dem amtierenden Parteivorsitzenden die Startposition für das nächste Rennen nicht zu vermasseln. Man schützte sich durch taktische Einlassungen, hielt den Kopf aber nicht über die Brüstung.

Olaf Scholz, der sich am stärksten exponierte («schonungslose Betrachtung der Lage»), weckte die üblichen Reflexe, die einer unbefangenen Debatte im Wege stehen. Er stieß zwar auch auf Zustimmung, wurde aber bei der Wahl der stellvertretenden Parteivorsitzenden auf dem Bundesparteitag der SPD im Dezember 2017 mit 59,2 Prozent abgestraft. Damit bestätigte sich, dass solche Wahlen nicht unbedingt die Anerkennung einer präzisen politischen Grammatik widerspiegeln, über die Olaf Scholz wie nur wenige andere verfügt, sondern vielmehr ein Testat innerparteilicher Empathie und Gesinnungstreue sind.

Das Ensemble der engsten Parteispitze wurde im Dezember in einigen Rollen neu besetzt, aber mit Ausnahme einer Genossin, die bis vor kurzem noch Geschäftsführerin des namhaften bayerischen Landesverbandes war und sich im Paternoster so schnell emporgehoben sah, wie sie sich das selbst gewiss nicht hatte vorstellen können, traten weitgehend bekannte Protagonisten auf. Der eine oder andere, der eigentlich eine Hauptrolle übernehmen sollte, fehlt. Und der eine oder andere, der eigentlich in die Provinz geschickt werden sollte, darf weiterhin überall und jederzeit seine Texte aufsagen – unabhängig davon, ob sie ankommen oder nicht.

Der nunmehr mit knapp 82 Prozent bestätigte Parteivorsitzende Martin Schulz machte die unter seinem Vorgänger durchgeführte Verkleinerung des Parteivorstandes auf 35 Mitglieder rückgängig und kehrte zu einem 45köpfigen Vorstand zurück. Abgesehen von der Frage, ob ein Gremium in nahezu halber Kompaniestärke tatsächlich geeignet ist, zielführend zu beraten, oder nicht eher Gefahr läuft, das Format einer geselligen «Palaverrunde» am Lagerfeuer anzunehmen, darf bezweifelt werden, ob diese Volte der Weisheit letzter Schluss ist. Denn es geht gerade nicht darum, die verschiedenen, teils fest gefügten «Strömungen» der SPD zu sammeln, sondern im Gegenteil das Diffuse einzudämmen, der Partei ein markantes Profil zu geben und Führungsanspruch zu erheben. Das muss keineswegs zu Lasten einer lebendigen, also auch kontroversen innerparteilichen Debatte gehen.

Die Erweiterung des Parteivorstandes lieferte jedenfalls kein Indiz dafür, dass an der Parteispitze für gößere Erkennbarkeit und schärfere Konturen gesorgt wird. Es bleibt bei dem frechen Spruch von Helmut Schmidt: «Jeder macht, was er will, keiner macht, was er soll, aber alle machen mit.» Abgesehen von den zehn zusätzlichen Mitgliedern, die vielleicht eher einige altgediente hätten ersetzen sollen, wurde der Parteivorstand weitgehend bestätigt. Ob er die Kraft zur Erneuerung hat und vor allem den Willen, alte Pfade zu verlassen und innerparteiliche Denk- und Verhaltensmuster zu überwinden, wird sich erweisen müssen.

Nun muss man der SPD zugute halten, dass zweieinhalb Wochen vor ihrem Parteitag, am Sonntag, den 19. November 2017, spät abends etwas passiert war, was sie offenbar kalt erwischte: das Jamaika-Aus. Die Sondierungen zu einer schwarz-gelb-grünen Koalition waren gescheitert, indem die FDP glattweg vom Platz ging. Mit diesem Datum veränderte sich die politische Grundkonstellation fundamental. Der Druck richtete sich nicht vorrangig auf den Spielverderber FDP, sondern vielmehr auf die SPD, die sich völlig unvorbereitet zeigte, obwohl doch ein solches Szenario – nicht gewünscht und von vielen auch für unwahrscheinlich gehalten – am Kartentisch in seinen Konsequenzen hätte durchgespielt werden müssen. Direkt nach dem Hakenschlag der FDP flüchtete die Führung der SPD – ohne die angekündigte Ansprache des Bundespräsidenten als Herrn des weiteren Verfahrens abzuwarten und ohne Temperaturfühlung mit der Fraktion – unter der Anleitung ihres Vorsitzenden, der die Zugbrücke zur Union mit jedem Interview höher gezogen hatte, in ihre Burg und wiederholte in einem einstimmigen Beschluss, der wie in Beton gegossen schien, dass die SPD «für den Eintritt in eine große Koalition nicht zur Verfügung» stehe.

Man konnte den Eindruck gewinnen, dass einige Führungs-
leute der SPD die scharfe Abgrenzung zur CDU/CSU auf dem
Weg vom Wahlabend bis zu dieser Vorstandssitzung bereits als
wesentlichen Beitrag zur Erneuerung der Partei (miss)verstan-
den. Die apodiktische Ablehnung einer Neuauflage der großen
Koalition schien den Schmerz über die drastische Wahlniederlage zu betäuben. Während der Parteivorsitzende noch selbstge-
wiss und entschlossen verkündete, die SPD sei jederzeit auf
Neuwahlen eingestellt, und sich selbst fesselte («In eine Regierung von Angela Merkel werde ich nicht eintreten»), dämmerte
es einigen Genossen auch im Licht der unmissverständlichen
Ansprache des Bundespräsidenten Frank-Walter Steinmeier
über die Verantwortung der Parteien, dass sich die SPD zwischen Parteiraison und Staatsraison in ein kolossales strategisches Dilemma manövriert hatte. Die Kraftmeierei, für
Neuwahlen jederzeit bereitzustehen, wich bei manchen einer
Ernüchterung ob der damit verbundenen Konsequenzen.

Ob und wie die SPD-Führung das Wendemanöver hinkriegt
und sich aus dem Dilemma zwischen Glaubwürdigkeit und
Verantwortung in unruhigen Zeiten befreit, ob sie das Manöver
durchsteht, abbricht oder dabei sogar kentert, weil ihr die Mitglieder nicht folgen, ist gegen Ende des Wahljahrs 2017 nicht
absehbar. Die Notwendigkeit einer umfassenden programmatischen, strukturellen und organisatorischen Erneuerung der
SPD bleibt davon allerdings völlig unberührt. Ob Regierungs-
partei oder Opposition: Wiederholen sich die Verdrängung und
falsche Rücksichtnahme auf innerparteiliche Befindlichkeiten
wie nach den Wahlniederlagen 2009 und 2013, dann wird die
SPD weiter taumeln, auf unter 20 Prozent fallen und in eine
existenziell bedrohliche Lage geraten.

Unabhängig davon, ob am Ende noch einmal eine gemeinsame Regierung mit CDU/CSU zustanden kommen wird oder nicht, bietet der Hinweis auf die große Koalition vielen in der SPD eine bequeme Ausflucht. Die Behauptung, dass der wesentliche Grund für die Wahlniederlagen die Umklammerung der SPD in einer großen Koalition gewesen sei, entlastet die Parteiführung und ist Balsam für die Seele der Partei. Tatsächlich litt die SPD aber weniger an der großen Koalition und an Angela Merkel – mit der sie zwischen 2009 und 2013 ohnehin nicht in einer politischen Wohngemeinschaft lebte – als vielmehr an sich selbst. Sie vertraute ihrer eigenen Erfolgsgeschichte nicht und zeigte sich unfähig, mit ihren Erfolgen zu werben und gleichzeitig eine Deutungshoheit über die gesellschaftlichen und ökonomischen Trends der Zeit zu gewinnen. Stattdessen haderte sie damit, was alles nicht gelungen oder ihr verwehrt worden sei.

Bis Mitte Dezember war nicht zu erkennen, dass irgendein auf Initiative des Parteivorsitzenden gebildeter Personenkreis, auch unter Beteiligung externer Köpfe, sich systematisch mit den Missweisungen, Defiziten und Problemen der SPD beschäftigt – quasi eine kompakte Partei-Enquetekommission. Dann las ich über eine fünfköpfige Arbeitsgruppe, die der neue Generalsekretär Lars Klingbeil berufen hat. Deren Auftrag ist offenbar jedoch darauf begrenzt, die Stärken und Schwächen der SPD-Kampagne 2017 zu analysieren. Der Schiffbruch war aber eben nicht nur auf örtliche widrige Winde zurückzuführen, sondern die Folge eines grundsätzlich falschen Kurses, der nach drei Wahlniederlagen in Folge endlich korrigiert werden müsste.

Angesichts der Präsentation, die sich meine Partei – präziser, die Parteiführung – in den Monaten seit dem Wahltag Ende September geleistet hat, und angesichts der Unklarheit darüber, wie die notwendige Diskussion zur Lage und Zukunft der SPD konkret und zielorientiert geführt werden soll, befürchte ich, dass der Schuss vom 24. September verhallen und ein Erneuerungsprozess sich wieder einmal in verbalen Absichten und ebenso dekorativen wie folgenlosen Veranstaltungen erschöpfen könnte. Die Sorge, dass meine Partei sich wieder verschiedene Deckmäntelchen umhängen wird, statt «schonungslos» in die tieferen Gründe ihrer Misere vorzustoßen, veranlasst mich zu dieser gewiss ebenso umstrittenen wie Streit auslösenden Wortmeldung.

Dabei stehe ich unter dem Eindruck eines Essays, den Ralf Dahrendorf 1987 in der Monatszeitschrift *Merkur* unter dem Titel «Das Elend der Sozialdemokratie» veröffentlichte. Der Text machte Furore in einer Zeit, in der eine konservative und ordoliberale «Revolution» auf dem Vormarsch und die Sozialdemokratie europaweit auf dem Abstieg war. Dahrendorf konstatierte damals das Ende des sozialdemokratischen Jahrhunderts. Damit meinte er, dass die Sozialdemokraten – trotz aller Totalitarismen – ein Jahrhundert lang der Treibriemen der politischen und sozialen Entwicklung gewesen seien, am Ende aber ihre Kraft verloren hätten – weil sie erfolgreich (!) waren. Sie hatten – so Dahrendorf – ihre historische Mission erfüllt, den Kapitalismus zu zähmen, den Wohlfahrtsstaat zu errichten und dem Proletariat Aufstiegsperspektiven insbesondere durch Bildung zu eröffnen.

Dahrendorf irrte in einem entscheidenden Punkt. In seinem Szenario kam ein erneuter Pendelumschwung zurück zur Sozialdemokratie in der zweiten Hälfte der neunziger Jahre nicht vor. Nach den Verwüstungen marktideologischer Entfesselungskünstler und den Erstarrungen konservativer Kräfte bekamen die deutschen und nahezu alle anderen sozialdemokratischen

Parteien in Europa jedoch eine neue Chance. Allerdings handelte es sich, wie heute nüchtern festzustellen ist, nur um ein Zwischenhoch. Das ist nun vorbeigezogen und hat die Sozialdemokratie in einer noch schlechteren Verfassung und auf einem noch niedrigeren Niveau als Ende der achtziger Jahre zurückgelassen.

Deshalb greife ich den damaligen Befund von Dahrendorf über die Sozialdemokratie auf, so misslich und unerwünscht er für einen Sozialdemokraten auch sein mag: «Eine säkulare politische Kraft hat sich erschöpft. Wichtige Teile des Programms sind realisiert; die sozialen Gruppen, die sie trugen, finden sich damit in neuen Interessenlagen. Die Vertreter dieser politischen Kraft sind auch erschöpft. Es bleibt ihnen nur, auf verbleibende Unvollkommenheiten der von Ihnen geschaffenen Welt hinzuweisen und im Übrigen das Erreichte zu verteidigen. Beides ruft nicht gerade Begeisterungsstürme hervor; es reicht noch nicht einmal, um regierungsfähige Wählermehrheiten zu gewinnen. Das ist das Elend der Sozialdemokratie.»

Diese Sätze hallen aus dem Jahr 1987 in unsere Zeit herüber. Und sind mir Anlass genug, mich mit der Frage zu beschäftigen, wie diesem Elend ein Ende bereitet werden kann.

Das Ergebnis der Bundestagswahl 2017 beschreibt eine Zäsur und eröffnet ein neues parlamentarisches Kapitel, war aber im Grunde keine Überraschung. Nicht einmal zwei von zehn wahlberechtigten Bürgern haben die SPD gewählt. Das ist für eine Volkspartei nicht weniger als ein Desaster.

Das Wahlergebnis ist eine Zäsur, weil mit der AfD erstmals seit Gründung der Bundesrepublik eine rechtspopulistische Partei mit rassistischen und völkischen Ingredienzien im Bundestag Platz nimmt – als drittgrößte Fraktion, vertreten durch teilweise obskure Abgeordnete. Das ist übel angesichts der historischen Erfahrungen und Hypotheken unseres Landes aus dem 20. Jahrhundert. Aber es ist kein spezifisch deutsches Phänomen. Eine politische Konjunktur rechtspopulistischer oder rechtsradikaler Parteien beobachten wir in vielen europäischen Staaten. In 19 von 28 Mitgliedsstaaten der EU sitzt mindestens eine rechtspopulistische Partei im nationalen Parlament. Dagegen ist Deutschland eher ein Nachzügler. Immerhin haben 87 Prozent der Wähler und 91 Prozent aller Wahlberechtigten die AfD *nicht* gewählt. Das Wählerpozential des Front National in Frankreich ist dreimal so hoch wie das der AfD in Deutschland.

Der Wahlausgang ordnet die parlamentarische Landschaft neu, weil erstmals seit der ersten Legislaturperiode der jungen Bundesrepublik sechs Fraktionen im Bundestag sitzen. Tatsächlich sind es sieben Parteien, wobei CDU und CSU häufig mehr einer schlagenden Verbindung ähneln als einer Schwesternschaft. Die Aufblähung von 631 auf 709 Abgeordnete geht auf ein Versagen aller Fraktionen des letzten Bundestages (mit Ausnahme von CDU/CSU) zurück; sträflicherweise wollten SPD, Linke und Grüne einem Vorschlag des damaligen Bundestagspräsidenten Norbert Lammert mit einer Kappungsgrenze der Überhangmandate bei 630 Abgeordneten nicht folgen. Jetzt werden die Platzhalter auf den 709 Sitzen einer Reform des Wahlrechts noch stärker im Wege stehen.

Das Ergebnis der Bundestagswahl 2017 brachte keine wirklichen Überraschungen. Relativ frühzeitig kristallisierte sich heraus, dass die große Koalition nicht belohnt werden würde. Abgesehen von den Verlusten der Union, die mit 8,6 Prozent größer waren als die Daumenpeilung vor Schließung der Wahllokale auswies, dem tiefen Einbruch der sonst so selbstgewissen

CSU in Bayern und einem leicht besseren Abschneiden der Grünen konnte man mit Wahlwetten nicht viel gewinnen.

Mag sein, dass die Union vor Turbulenzen steht, die den einen oder anderen vom Deck fegen und deren Auswirkungen noch nicht absehbar sind. Mag sein, dass Angela Merkel angezählt ist («Wir haben uns ein wenig ein besseres Ergebnis erhofft») und ihren Zenit mit dieser Bundestagswahl überschritten hat. Mag sein, dass ihr moderierender Politikstil auch auf der europäischen Bühne von dem dynamischen Stil des neuen Impulsgebers aus Frankreich überstrahlt wird. Mag sein, dass Angela Merkel im Laufe der neuen Legislaturperiode zurücktritt, weil sie darauf Wert legt, den Schlüssel zum Kanzleramt zu einem selbst gewählten und nicht fremdbestimmten Zeitpunkt weiterzureichen – und das mit jener Selbstverständlichkeit, mit der sie sich von jeher vom Gebaren verletzter männlicher Eitelkeit und Selbsterhöhung zu unterscheiden sucht.

Aber all das sollte bei den Mitgliedern der SPD erstens keine Schadenfreude wecken, dass die bürgerlich-konservative Volkspartei in ihrem Spagat zwischen Willkommenskultur und Sicherheitsverlangen der Bürger ebenfalls tief nach unten gerauscht ist. Auch nach dem ernüchternden Wahlergebnis verfügen CDU/CSU auf jeder Ebene der Alters-, Sozial- und Regionalstruktur (mit Ausnahmen in Sachsen) über den größten Wähleranteil und besetzen unangefochten die Schlüsselstellung für jedwede Regierungsbildung.

Zweitens birgt all das keinerlei Trost für die SPD. Der Erfolg bei der niedersächsischen Landtagswahl war ein wohltuendes Pflaster und hätte Stephan Weil eine Fahrkarte in die Parteispitze sichern müssen. Am Befund, dass das Ergebnis der Bundestagswahl 2017 ein Desaster für die SPD war, änderte das Niedersachsenergebnis aber nichts. Sie hat nicht nur krachend die dritte Bundestagswahl in Folge verloren, wenn man die Niederlage unter Gerhard Schröder 2005 im Fotofinish nicht mitzählt. Ihr sind seit dem Wahlsieg 1998 auch über zehn Millionen Wähler von der Fahne gegangen. Bei den Zweitstimmen liegt sie – trotz des Einbruchs von CDU/CSU – mit 5,8 Millionen Wählern im Rückstand zur Union. Tatsächlich nähert sich die SPD der Gewichtsklasse der vier kleineren Parteien.

Die Niederlage ist komplett. Die SPD hat ausnahmslos in allen Regionen, in allen sozialen Schichten oder Milieus und in allen Altersklassen verloren. Von Bremen abgesehen, ist sie in keinem der 16 Bundesländer noch stärkste Partei. In acht Bundesländern fiel sie teils deutlich unter 18 Prozent, was in den eigenen Reihen bisher kaum zur Kenntnis genommen wurde. Zu diesen Ländern zählen Bayern und Baden-Württemberg sowie Sachsen, Thüringen und Sachsen-Anhalt, wo insgesamt rund 40 Prozent aller Wahlberechtigten wohnen. Wie will die SPD dann bundesweit je wieder auch nur in die Nähe von 30 Prozent kommen? In vier Ländern wurde sie hinter der AfD und der Linkspartei nur noch vierte (!) Kraft. Von insgesamt 299 Wahlkreisen gewann sie lediglich 59 direkt, in sechs Bundesländern keinen einzigen und in drei Bundesländern nur einen. Auch die Herzkammer der Sozialdemokratie, das Ruhrgebiet, pumpt nicht mehr genug, um die Ausfälle in der Diaspora des Südens und Ostens auszugleichen. Im Ruhrgebiet, wo sie 1998 mit Gerhard Schröder noch 47 Prozent erzielte, fiel sie auf 30,5 Prozent. Bei den unter 30jährigen konnte die SPD nur 19 Prozent aller Wahlberechtigten überzeugen. Fast 22 Prozent der Wähler – also mehr als die SPD für sich gewinnen konnte – haben die Parteien am Rand, AfD und Linkspartei, gewählt, weil sie sich dort offenbar besser verstanden fühlten. 500 000 frühere SPD-Wähler wanderten zur AfD und 700 000

zur Linkspartei, die wiederum – was allerdings weitgehend un-
bemerkt blieb – mit 420 000 Wählern proportional am meisten
von allen Parteien an die AfD verlor.

Das Wort Krise verharmlost, um was es hier geht. Es sugge-
riert einen vorübergehenden Infekt, der irgendwann abklingt,
ein momentanes Formtief, das mit einem schnellen Trainer-
wechsel ausgebügelt werden kann. Die SPD steht jedoch vor der
existenziellen Herausforderung, sich als tragender und treibender politischer Machtfaktor zu behaupten. Die Lage ist nicht
ganz so bedrohlich wie 1878 nach dem «Gesetz gegen die ge-
meingefährlichen Bestrebungen der Sozialdemokratie» unter
Bismarck oder 1933 nach dem «Ermächtigungsgesetz» und dem
offiziellen Parteienverbot oder nach der Zwangsvereinigung der
Ost-SPD mit der KPD im Frühjahr 1946, aber ernst genug.
Plötzlich taucht auch der Satz von Herbert Wehner wieder auf,
der nach dem Machtwechsel im Oktober 1982 auf die Frage, wie
lange es wohl dauere, bis die SPD wieder an die Regierung
käme, antwortete: «Wenn Sie nicht erschrecken, sage ich Ihnen,
es kann fünfzehn Jahre dauern.» Es wurden 16 Jahre.

Nirgends ist in Stein gemeißelt, dass die SPD aufgrund ihrer
über 150jährigen Geschichte mit unbestreitbaren Verdiensten
für Demokratie, Freiheit, Aufklärung und Friedensstiftung ein
mitbestimmender und ausgleichender Faktor in Deutschland
und Europa bleiben muss. Das wäre zwar im Sinne einer lebendigen parlamentarischen Demokratie und für die Stabilität unserer Gesellschaft überaus wünschenswert. Aber gewährleistet
ist dies angesichts der fortschreitenden Erosion der Parteienlandschaft keineswegs.

Das zeigen viele Bespiele anderer Mitte-Links-Parteien in
Europa. In Frankreich ist der Kandidat der Parti Socialiste (PS)
im ersten Wahlgang der Präsidentschaftswahl Ende April 2017

mit 6,4 Prozent nach Hause geschickt worden, wenige Wochen später kam die Partei bei der Wahl zur Nationalversammlung auf traurige 5,7 Prozent. In den Niederlanden erreichte die Partij van de Arbeid (PvdA) bei der Parlamentswahl im März 2017 lediglich 5,7 Prozent und ist nur noch mit neun Abgeordneten in der Zweiten Kammer vertreten. In Österreich hielt sich die SPÖ bei der Parlamentswahl, musste aber für eine rechtspopulistische Regierung die Bänke räumen. In Italien ist die frühere sozialistische Partei gänzlich von der Bühne verschwunden und in der Demokratischen Partei von Matteo Renzi aufgegangen, oder besser, zu einem Zwitter mutiert. In Griechenland sackte die PASOK bei der Parlamentswahl 2015 auf 6,3 Prozent. In Spanien hat die einst stolze PSOE von Felipe Gonzáles bei der Parlamentswahl im Juni 2016 mit 22,6 Prozent nur wenig besser abgeschnitten als die SPD. Und selbst in den skandinavischen Ländern hat die einst dominante Sozialdemokratie Federn lassen müssen. Die einzige Ausnahme scheint die Labour Party in Großbritannien unter Jeremy Corbyn zu sein, was darauf zurückzuführen sein mag, dass die Briten schon immer zu exzentrischen Anwandlungen neigten (zu den genaueren Ursachen vgl. Kapitel VI).

Die Rückbesinnung auf ihre Mythen und historischen Verdienste sowie das Hohelied auf ihre Grundwerte, mit denen sich auf Parteitagen wie auf Knopfdruck Beifall wecken lässt, werden der SPD bei der Inventur ihrer Niederlagen seit 2009 ebenso wenig helfen wie eine Art Untersuchungsausschuss über die Fehler und Fehleinschätzungen ihres Spitzenpersonals (die es gegeben hat, mich eingeschlossen). Die Wahlniederlage vornehmlich auf den Spitzenkandidaten abzuladen, ist natürlich die leichteste Übung. Und da der Sündenbock kein Herdentier ist, wären alle anderen aus dem Schneider. Das Nervensystem der Partei müsste nicht mit Richtungsfragen gereizt werden. Die Echokammern blieben geschlossen. Alle Landesverbände könnten in ihren Hamsterrädern weiterlaufen.

Der Sinkflug der SPD hat jedoch mit tiefer liegenden Problemen zu tun. Entsprechende Hinweise hat es gegeben. Nur prallten sie bisher an einer Wand aus Selbsthypnose, Geschäftigkeit und Gesinnungstreue ab. Das wird im Schatten des jüngsten Wahlergebnisses so nicht weitergehen können. Der Fehler, nach den Niederlagen 2009 und 2013 nicht gründlicher nach den Ursachen geforscht zu haben, wird sich nicht wiederholen dürfen.

Auch denjenigen Bürgern, die der SPD nicht ihre Stimme gegeben haben oder ihr gar mehr oder minder starke Vorbehalte entgegenbringen, sollte die Frage nach der zukünftigen Rolle dieser Partei im Parteienspektrum keineswegs egal sein. Denn in der parlamentarischen Demokratie stellen Ausgewogenheit zwischen Regierung und Opposition und die Option eines Regierungswechsels einen hohen, unverzichtbaren Wert dar. Mit der Bundestagswahl vom September 2017 ist es zu einer Verschiebung im Parteiensystem gekommen, die zu einer Unwucht im bisher bewährten Kräfteverhältnis führt. Damit meine ich weniger den Einzug einer rechtspopulistischen Partei. Deren 92 Abgeordnete mit einem Tross von rund vierhundert Mitarbeitern auf die Geschäftsordnung und Gepflogenheiten des Parlaments zu verpflichten, dürfte dem Präsidium des Bundestages und den anderen Fraktionen allerdings ein hohes Maß an Kondition und Durchsetzungsfähigkeit abverlangen.

Mit der Verschiebung im Parteiensystem meine ich, dass nunmehr einer einzigen großen Partei mit 246 Parlamentssitzen in Gestalt der CDU/CSU fünf mehr oder weniger kleinere Parteien gegenüberstehen. Zum einen bedeutet dies, dass es kaum noch gegen die Union zu einem Regierungswechsel kommen kann (solange die SPD nicht wieder deren Augenhöhe erklimmt oder die Union weiter absackt). Zum anderen verstärkt sich dadurch die Unsicherheit an den Wahlurnen, denn die Wähler können kaum noch wissen, welche Regierungskonstellation sie mit ihrer Stimme letztendlich wählen, wenn weder schwarz-gelb noch rot-grün in einer klaren Alternative genügend Kampf-gewicht für eine parlamentarische Mehrheit auf die Waagschale bringen. Angesichts der gegenwärtigen Größenverhältnisse bieten sich nur noch eine ungleichgewichtige große Koalition oder ein bunter Strauß mit zwei kleinen Parteien an, jeweils unter Federführung der CDU/CSU, ohne die gar nichts zustande kommt. Das könnte Wähler zunehmend zu einem taktischen Verhalten veranlassen, indem sie nicht die Partei wählen, die ihnen am nächsten steht, sondern mit ihrer Stimme eine uner-wünschte Partei zu verhindern suchen. Oder sie erliegen ganz und gar einem Ohnmachtsgefühl und bleiben zu Hause. Beides sind keine erfreulichen Perspektiven für unsere Demokratie.

Das langjährige Dümpeln der SPD in einer Fahrrinne zwischen 20 und 25 Prozent in den wöchentlichen Wasserstands-meldungen der Demoskopen wurde schon lange als schmerz-haft und ungerecht empfunden, zumal die Partei viele Akzente in der Regierungspolitik der großen Koalition von 2013 bis 2017 setzen konnte. Aber nach tieferen Ursachen wurde trotzdem nicht gefragt. Der «demoskopische Flashmob» von 33 Prozent nach der Nominierung von Martin Schulz zum Kanzlerkandi-daten Anfang 2017 führte dann zu einer Mischung aus Hypnose und Narkose. Plötzlich schien alles möglich – und dann war Ruhe über allen Wipfeln.

Dabei war absehbar, dass sich die programmatischen, struk-turellen und organisatorischen Probleme der SPD nicht mit Zauberhand von einem neuen Parteivorsitzenden beseitigen ließen, auch wenn ihm mit einem 100-Prozent-Ergebnis eine nicht mehr zu überbietende Legitimation zuteil wurde. So wenig die Lage der SPD in den unteren Etagen des 20-Prozent-Turms allein oder auch nur überwiegend Sigmar Gabriel anzulasten war, so unrealistisch war die Projektion aller Hoffnungen auf den Nachfolger. Der Hype um die Person von Martin Schulz lenkte nur von der Frage ab, ob die SPD eigentlich auf der viel zitierten Höhe der Zeit ist oder bestimmte gesellschaftliche Veränderungen einfach nicht registriert und aufgenommen hat. Im Übrigen wird ein 100-Prozent-Ergebnis außerhalb der Pateitagshalle keineswegs automatisch mit Geschlossenheit gleichgesetzt, sondern eher als eine Beschwörung derselben wahrgenommen – so wie auch die Dauer des Beifalls auf den Stoppuhren längst zum Ritual geworden ist.

Man muss schon ein sehr blinder Parteisoldat sein, wenn einem in der Reihe von drei knackig verlorenen Bundestagswahlen nicht die Erkenntnis kommt, dass die SPD vor sehr grundsätzlichen Fragen steht. Die Gefahr ist jedenfalls nicht von der Hand zu weisen, dass sie einen weiteren Gewichtsverlust verzeichnet, wenn sie nicht ihre Bestimmung, ihre Funktion im Parteiengefüge und ihr Profil auf der Grundlage einer wirklichkeitsnahen Gesellschaftsanalyse – also auf der Höhe der Zeit – neu definiert. Die 175-Jahrfeier der traditionsreichen SPD im Jahr 2038 muss nicht zwingend so festlich und von einer breiten Ehrerbietung begleitet ausfallen wie die 150-Jahrfeier im Mai 2013.

Zweifellos sah sich die SPD im Bundestagswahlkampf mit einigen schweren Hypotheken belastet. Schon wenige Wochen nach der Krönungsmesse von Martin Schulz zum Parteivorsitzenden und Kanzlerkandidaten und der verständlichen Trunkenheit über ein plötzliches Umfragehoch verflüchtigte sich eine realistische Machtoption der SPD schnell wieder. Die Tatsache, dass die SPD aus eigener Kraft keine Regierung bilden konnte, war das erste Dilemma; es hing schon Frank-Walter Steinmeier 2009 und mir 2013 wie ein Klotz am Bein, auf den Journalisten genüsslich zeigten und Fragen stellten, die ohne erhebliche Verrenkungen nicht zu beantworten waren. Das zweite Dilemma, aus dem die SPD keinen Ausweg fand, hing damit zusammen, dass sie seit Gerhard Schröders Wahlsieg 1998 fast durchgängig – mit Ausnahme der schwarz-gelben Koalition von 2009 bis 2013 – mitregiert hatte und daher für den Zustand des Landes mitverantwortlich war. Durfte man da im Wahlkampf 2017 die Glocke läuten, dass jetzt (endlich!) die Zeit für mehr (!) Gerechtigkeit gekommen sei? Drittens machte ihr die Spaltung ihrer potenziellen Wählerschaft in der Flüchtlingsfrage zu schaffen; zwischen den beiden Lagern «Refugees Welcome» und «Grenzen dicht» war eine mittlere Position nur schwer zu finden. So wie die SPD auch – viertens – in der Europapolitik zwischen den Stühlen saß; auf der einen Seite diejenigen, die der europäischen Idee ihren finanziellen Tribut nicht verweigern wollen, auf der anderen Seite diejenigen, die Deutschland als Zahlmeister Europas missbraucht sehen. Auf den beiden letztgenannten politischen Feldern lavierte die SPD bis zur Unkenntlichkeit, um in den jeweils gegenüberliegenden Lagern nicht allzu viele Wähler zu vergrämen. Offenbar erinnerte sich niemand an das alte Sprichwort: In Gefahr und größter Not bringt der Mittelweg den Tod. Von den vier Mühlsteinen im Gepäck der SPD ist in Kapitel I die Rede.

Jenseits dieser Kalamitäten und abgesehen von Nebensächlichkeiten, ob der Spitzenkandidat in ein Fettnäpfchen trat, eine Passage des Wahlprogramms aberwitzig anmutete, eine Min-

derheit nicht ausreichend berücksichtigt oder Termine ver-
korkst wurden, gibt es für mich vier tiefer gehende Gründe, die
mir ursächlich für die Wahlniederlage 2017 erscheinen. Sich
damit gründlich auseinanderzusetzen, halte ich im Rahmen
einer Generalüberholung der SPD für unabdingbar. Die in Se-
rie verlorenen Landtagswahlen im Saarland, in Schleswig-Hol-
stein und vor allem in Nordrhein-Westfalen, die der Partei
zwangsläufig aufs Gemüt schlugen, spielen hier keine Rolle. Sie
waren die Folge, nicht die Ursache eben jener Fehleinschätzungen, die es zu untersuchen gilt.

1. Wir leben in mehrfacher Hinsicht – technologisch, wirtschaftlich und ökologisch – in einer Zeitenwende. Die erstreckt sich auch auf eine Achsenverschiebung oder einen
Paradigmenwechsel im gesellschaftlichen Konfliktmuster.
Der klassische Gegensatz von Arbeit und Kapital, der politische Programme seit der ersten Industriellen Revolution bestimmte, wird ergänzt und in Teilen der Gesellschaft sogar
überlagert von einem Wertekonflikt zwischen linksliberalen,
weltoffenen Einstellungen einerseits und auf Regression und
nationale Identität zielenden Positionen andererseits. Zum
materiellen Verteilungskonflikt, der im modernen Wohlfahrtsstaat unbenommen anhaltender Ungerechtigkeiten an
Schärfe verloren hat, tritt ein ideeller Konflikt, der sich nicht
mehr in einem Rechts-Links-Muster abbilden lässt, sondern
vertikal durch alle Etagen des gesellschaftlichen Gebäudes
verläuft.
Er spielt sich ab zwischen Weltoffenheit mit allen Insignien
von «A» wie Akzeptanz der Globalisierung bis «Z» wie Zuwanderung als Chance einerseits und andererseits dem Verlangen nach Zugehörigkeit und Identifizierung mit allen

Insignien von «A» wie nationale Abschottung bis «Z» wie Zurückweisung von Multikulti, Integration und Inklusion. Dieser Tendenz zum Rückzug in den vermeintlich sicheren Heimathafen liegt eine tiefe Verunsicherung durch die Globalisierung zugrunde. Die Übertragung nationaler Zuständigkeiten auf europäische Institutionen schürt diese Ängste ebenso wie der technologische Quantensprung der Digitalisierung in der Wirtschaft und Arbeitswelt. Die Flüchtlingswelle war ein Treibsatz. Für weite Teile der Bevölkerung lauten die politischen Schlüsselbegriffe staatliche Handlungsfähigkeit, Sicherheit und Kontrolle – Begriffe, die nicht an erster Stelle mit der Sozialdemokratie in Verbindung gebracht werden. Es scheint so, als habe die SPD in ihrer imposanten Tradition des Internationalismus, der Solidarität und des Humanismus diesen Aspekt der Zeitenwende verpasst; jedenfalls steht sie der Entwicklung ratlos gegenüber (Kapitel II).

2. Der zentrale Wahlslogan der SPD «Zeit für mehr Gerechtigkeit» zielte an diesem neuen Konfliktmuster vorbei. Aber nicht nur das! Wie führt man einen Gerechtigkeitswahlkampf in einem prosperierenden, wohlfahrtsstaatlich gut organisierten Land, in dem die Zufriedenheit der Bürger sowohl mit dem Zustand insgesamt als auch mit ihrer eigenen wirtschaftlichen Lage bemerkenswert hoch ist? Die SPD hatte – wieder einmal – ein falsches Bild vom Land und seiner Gesellschaft. Sie führte Wahlkampf mit einem Begriff, der hoch abstrakt und deshalb leer war und jedenfalls den Nerv der Mehrheitsgesellschaft nicht traf.

Bitte kein Missverständnis: Selbstredend gibt es in Deutschland Ungerechtigkeit und soziale Defizite. Ein Blick auf prekäre Beschäftigungsverhältnisse, die Chancengerechtigkeit von Kindern aus schwächeren Schichten oder die Unwucht in der Vermögensverteilung genügt. Aber unsere Gesellschaft besteht nicht nur oder auch nur überwiegend aus Opfern – im Gegenteil. Die SPD als bloßer Korrekturfaktor, als Sammeladresse für die Belange der «Beladenen und Entrechteten», als Krankenwagen der Gesellschaft hat jedoch keine Chance, demokratische Mehrheiten zu gewinnen. Ihr Erbgut und die Hüter desselben unter den Mandats- und Funktionsträgern schreiben ihr Gerechtigkeit und Solidarität als unveräußerliche Werte vor. Tatsächlich hat die SPD mit der Fokussierung auf das höchst abstrakte Leitwort «Gerechtigkeit» und ihrem Eintreten für die Belange von Minderheiten zum dritten Mal in Folge die Mehrheitsgesellschaft nicht erreicht. Aber dort werden die Wahlen entschieden, ohne dass die Anliegen von Minderheiten ins Abseits geraten müssen.

Im Bundestagswahlkampf 1998, der von einem Sieg Gerhard Schröders gekrönt wurde, hatte die SPD diesen Fehler vermieden. Sie erweiterte damals ihr Erbgut um das Gen für «Innovation», das auf Gestaltung von Zukunft gerichtet war. Dagegen wirkten der Wahlslogan von 2017 und das ihm unterlegte Programm wie das alte Liederbuch der SPD – kein schlechter Text, vertraute Melodien. Aber «die neue Zeit», die angeblich mitzog, blieb weit hinten (Kapitel III).

3. Das 113seitige Wahlprogramm von 2017 (fünf Seiten weniger als 2013) elektrisierte niemanden. In einer aus den Fugen geratenen Welt und in Zeiten erheblicher Verunsicherung zählt nicht die Vollständigkeit, sondern die Botschaft. Selbst in den eigenen Reihen dürften nur wenige dieses Kompendium an Forderungen, was alles besser zu machen wäre, ge-

lesen haben. Statt sich auf drei oder vier Kernbotschaften zu konzentrieren, mit denen sie hätte zeigen können, dass sie sich europäisch, wirtschaftlich-technologisch und gesellschaftlich auf der Höhe der Zeit befindet, versuchte die Partei, jedem etwas zu bieten und dabei möglichst keinen zu verprellen.

Der Sinkflug der SPD ist allerdings nicht allein darauf zurückzuführen, dass sie nicht mehr als avantgardistisch und fortschrittlich, sondern eher als altbacken und strukturkonservativ gilt. Ein neues Grundsatzprogramm würde an ihren strukturellen und organisatorischen Problemen zunächst gar nichts ändern. Die SPD ist überaltert – buchstäblich und habituell. Ihre Funktionselite liegt wie Mehltau über dem notwendigen Erneuerungsprozess und vergrämt junge Leute ebenso wie Quereinsteiger. Wo Stallgeruch zählt, ist Zugluft unerwünscht. Viele Landesverbände weisen erhebliche Organisationsschwächen auf, und auch die Parteizentrale in Berlin – das Willy-Brandt-Haus – bedarf einer gründlichen Renovierung. Von einer systematischen Personalentwicklung und -förderung der Funktions- und Mandatsträger, die über das Absingen des parteiverträglichen Kodex hinaus auch weit in die Wählerschaft hinein wirken könnten, kann keine Rede sein. Die kommunikative Aufstellung, auch im Verhältnis zu den sozialen Medien, lässt zu wünschen übrig. Nicht zuletzt ist die Hypothek einer fatal schlechten Kompetenzzuweisung in der Wirtschafts- und Finanzpolitik noch lange nicht abgetragen. In Kapitel IV ist deshalb vom Apparat der SPD und seinem Räderwerk die Rede.

4. Der Begriff «Leitkultur» wird in der politischen Auseinandersetzung inzwischen so kontrovers debattiert, dass er ohne die Provokation von Reflexen kaum noch zu gebrauchen ist.

Die SPD verbindet damit den Versuch konservativer Kräfte, eine in deren Sinn formierte Gesellschaft zu prägen. Sie irrt allerdings, wenn sie sich auf den Standpunkt zurückzieht, der Grundrechtskatalog mit seinen unveräußerlichen Rechten in den Artikeln 1 bis 19 sei ausreichend, die Leitkultur der Republik zu beschreiben – und damit Ende der Debatte.

Die Beispiele von Respektlosigkeit und Rücksichtslosigkeit, von Bedrohungen und Tätlichkeiten gegenüber Amtspersonen und Vertretern öffentlicher Einrichtungen, von Missachtung öffentlichen Eigentums und Verunstaltungen öffentlichen Raumes, von Verantwortungslosigkeit, Geschichtsvergessenheit einschließlich Bildungsverweigerung und nicht zuletzt von Elitenversagen lassen sich nicht einfach vom Tisch wischen mit dem Hinweis, es handele sich um unzulässige Verallgemeinerungen oder Übertreibungen. Es gibt ein Ausmaß an Verrohung und Enthemmung (vor allem im Internet) und eine Geringschätzung von Regeln und Umgangsformen, das sich nur mit allgemeiner Dekulturalisierung umschreiben lässt.

So empfinden es jedenfalls viele Bürger. Die SPD gilt bisher allerdings nicht als erste Adresse in der Debatte um die Belebung von Zivil- und Alltagskultur, einer Debatte, die es am Esstisch vieler privater Haushalte – zumal vor dem Hintergrund zunehmender ethnischer und kultureller Diversität – aber gibt. Findet die Partei hier zu keiner klaren Haltung, geht sie über die Köpfe und Empfindungen weiter Teile der Bürgerschaft hinweg, die sich dann eine andere politische Adresse suchen, im schlimmsten Fall außerhalb des etablierten Parteienspektrums (Kapitel V).

Im Schlusskapitel VI geht es dann um Therapieansätze, die aus der «Anamnese» der SPD zu ziehen sind. Dort greife ich Ralf Dahrendorfs Thema wieder auf unter der Frage «Was tun?». Die Formulierung geht zurück auf ein Hauptwerk von Lenin zur Begründung einer Theorie der «Avantgarde des Proletariats», was im 100. Jahr der Oktoberrevolution von 1917 erlaubt sein sollte.

Tatsächlich geht es für die SPD nicht um die Suche nach einem revolutionären Subjekt, sondern um die Suche nach sich selbst. Was ist ihre historische Mission im globalisierten Kapitalismus des 21. Jahrhunderts, welches Bild hat sie von der Gesellschaft und welche kraftvolle Rolle nimmt sie im Spektrum demokratischer Parteien ein? Für mich gibt es drei zentrale Botschaften, mit denen die SPD wieder die Höhe der Zeit erklimmen kann:

Erstens Europa. Ich habe bis heute nicht verstanden, dass Martin Schulz diese Karte im Wahlkampf 2017 nicht gespielt hat. Als ehemaliger Präsident des Europäischen Parlaments war keiner prädestinierter, sich auf diesem Feld zu profilieren. Zumal Emmanuel Macron im französischen Präsidentschaftswahlkampf bereits einen Steilpass gespielt hatte.

Zweitens die Machtfrage im globalisierten, maßgeblich finanziell und digital getriebenen Kapitalismus. Liegt die Macht bei demokratisch legitimierten Institutionen oder bei entgrenzten und entfesselten Konzernen insbesondere der Internetökonomie, deren individuelle und kollektive Manipulationsmöglichkeiten Fragen nach Persönlichkeitsrechten und der Substanz unserer Demokratie aufwerfen?

Und drittens muss die SPD selbstredend den Zusammenhalt unserer Gesellschaft zu einer Kernbotschaft formulieren. Darunter fällt auch das Gerechtigkeitsthema – aber dann scharf zugespitzt auf zentrale Forderungen, die einer breiten Wähler-schaft auf Anhieb als Defizit einer gerechten Gesellschaft einleuchten.

So viel will ich aus dem Schlusskapitel hier vorwegnehmen: Am Bedarf nach einer starken und prägenden Sozialdemokratie gibt es keinen Mangel. Der globalisierte Kapitalismus, die welt-weiten Spannungen im Koordinatensystem politischer, wirt-schaftlicher und militärischer Macht, der unsägliche Trend der Renationalisierung mit dem nicht seltenen Aufstieg von Auto-kraten, das mögliche Scheitern der europäischen Integration, die Bedrohung der natürlichen Lebensgrundlagen und nicht zuletzt die Gefahr der zunehmenden Spaltung unserer Gesell-schaft verlangen mehr denn je sozialdemokratische Antworten.

Bleibt hinzuzufügen, dass das Skript dieser Streitschrift am 15. Dezember abgeschlossen wurde und alle nachfolgenden Er-eignisse und Wunderlichkeiten nicht mehr abgebildet werden konnten.

I

Kalamitäten der SPD

Martin Schulz erschien nach dem Rückzug des umstrittenen politischen Energiebündels Sigmar Gabriel innerparteilich als Erlöser. Für das breite Publikum war er eine frische, auf dem Berliner Parkett noch nicht verbrauchte und kategorisierte Gestalt – eine Projektionsfläche für viele Erwartungen. Sein Hype speiste sich auch aus einem gewissen Überdruss an Angela Merkel und ihrer Verkürzung von Politik auf das, was sich funktional für sie auszahlt. Es roch plötzlich dezent nach Aufbruch und Debatten über Zukunftsentwürfe, aber die entsprechenden Rezepte blieben aus.

Auf dem Nominierungsparteitag der SPD im März 2017 wurde Martin Schulz mit sagenhaften 100 Prozent gewählt. Das Ergebnis verstand er offenbar als Verpflichtung, es im Sinne der gefeierten Geschlossenheit allen recht zu machen. So wurde der Flirt linker Vertreter der SPD mit einer rot-rot-grünen Machtoption im Vorfeld der saarländischen Landtagswahl mit verdrehten Augen zugelassen. So wurde dem Ansinnen der Landes-SPD in Nordrhein-Westfalen gefolgt, Martin Schulz solle sich im Landtagswahlkampf rar machen. So wurde im Juni 2017 nach der Befassung mit sage und schreibe 1605 Änderungsanträgen ein profilloses Wahlprogramm verabschiedet, das alles andere als Wucht entfaltete. Die 113 Seiten waren gut für den innerparteilichen Frieden, wahlstrategisch brachten sie nichts. Eigentlich war es zeitökonomischer Wahnsinn und lenkte nur ab von den zentralen Botschaften. Die Wahlkampagne wurde unter den Leitsatz gestellt «Zeit für mehr Gerechtigkeit», der weder den Zustand der Republik noch den Nerv der Wähler traf.

Ich hatte im Wahlkampf 2013 ähnliche Probleme mit einigen orthodoxen Positionen der SPD wie Martin Schulz und mir daher früh «Beinfreiheit» ausbedungen, um gelegentlich vor der Partei her zu laufen und Neugier zu wecken. Vielleicht habe ich mir diese Freiheit zu häufig abstreiten lassen. Martin Schulz – in einer Person Kanzlerkandidat und Parteivorsitzender – hat sie jedoch gar nicht erst eingefordert und geriet relativ schnell unter die Räder des Parteikarrens.

Im Umfeld des Nominierungsparteitages mit Umfrageergebnissen von 33 Prozent in der Spitze für die SPD verfiel zwar die Union, nicht aber Angela Merkel in Nervosität. Jedenfalls tat sich kurzfristig eine bis dahin verschüttete Strömung auf, die auf einen möglichen politischen Wechsel hindeutete. Dass sie bald wieder versiegte, hatte mehr mit der SPD als Partei denn mit ihrem Kanzlerkandidaten und dessen Stockfehlern zu tun. Der Hype um Martin Schulz hatte den labilen Zustand der SPD nur überspielt. Ein umfänglich-solides Wahlprogramm, diverse Konzepte, fehlerlose Interviews, nichts, was der Kandidat ab Juni lieferte, konnte den Hype um seine Person noch einmal reaktivieren. Man hatte bisweilen den Eindruck, dass hinter all dem Stoff, der den Wählern präsentiert wurde, Schulz selbst verschwand.

Nach dem kurzen Aufflackern im Zuge der Nominierung von Martin Schulz kam in Deutschland keine Wechselstimmung mehr auf. Der Wahlkampf verlor an Spannung, weil die Reihenfolge beim Zieleinlauf um den Ersten Preis von Deutschland wie schon 2009 und 2013 bereits frühzeitig feststand. Angela Merkel dekontaminierte noch einmal alle Profilierungs- und Abgrenzungsthemen und entzog dem Wahlkampf Sauerstoff. Sie zog es vor, lieber wieder in einem Schlafwagen ins Kanzleramt einzuziehen als auf einem Musikdampfer. Sie musste allerdings auch ihren Kokon nicht verlassen, weil sich die Machtfrage für sie nie ernsthaft stellte. Anders als 2009 und 2013 gab es allerdings am Wahlabend ein böses Erwachen, als die CDU/CSU mit einem Minus von 8,6 auf 32,9 Prozent fiel und damit, abgesehen von 1949, auf das schlechteste Ergebnis ihrer Geschichte. Umso erstaunlicher waren der Frohsinn von Frau Merkel über diesen glanzlosen Sieg und das erkennbare Desinteresse in der CDU/CSU-Spitze (Ursula von der Leyen: «Und eigentlich haben wir alles richtig gemacht»), zumindest in ersten Reaktionen, den Ursachen dieser Talfahrt auf die Spur zu kommen.

Die einzig spannende Frage galt nicht dem Spitzenplatz, sondern, ob es zur Fortsetzung der großen Koalition oder zu einer Dreierkoalition mit vier Parteien kommen und wer die Bronzemedaille gewinnen würde. Nachdem die journalistische Deutung des TV-Duells zwischen Angela Merkel und Martin Schulz noch darauf hinausgelaufen war, die SPD hätte sich längst auf den Soziussitz in einer großen Koalition eingestellt, überraschte dann die apodiktische Feststellung aus dem SPD-Vorstand schon Minuten nach der Schließung der Wahllokale, dass die SPD nicht für eine weitere Koalition mit der CDU/CSU zur Verfügung stehe und die Oppositionsrolle annehme. Bei dem desaströsen Ergebnis der SPD, im Sinne einer notwendigen Generalüberholung und aufgrund massiven Interesses, der AfD nicht die Rolle des Oppositionssprechers zu überlassen, fand ich diese Entscheidung grundsätzlich und in der damaligen (!) Lage richtig und plausibel. Ich komme auf die neue Lage nach dem Eklat der FDP mit ihrem Auszug aus den Sondierungen über eine Jamaika-Koalition am Ende dieses Kapitels zurück.

Das Attest, der Wahlkampf 2017 sei wie jener 2013 öde und langweilig gewesen, wurde von einer anderen Seite widerlegt. Anders als 2013 brach bei manchen Veranstaltungen, vornehmlich in den neuen Ländern, ein Maß an Wut und Hass auf, das einen sehr mulmigen Blick auf tiefere Schichten unserer gesellschaftlichen Verfasstheit eröffnete. Der Mob tobte sich insbesondere an der amtierenden Bundeskanzlerin aus, aber letztlich richteten sich die Ausbrüche gegen das etablierte Parteiensystem als Ganzes. Über die Verwilderung von Sitten und Umgangsformen muss nicht lange gestritten werden. Ein nennenswerter Teil der Bürger war allerdings der Meinung, dass die von den etablierten Parteien im Wahlkampf servierten Themen nicht der Agenda entsprachen, die sie als vordringlich empfanden. Die Mehrheit brachte das anders zum Ausdruck als mit verzerrten Gesichtszügen, verbalen Attacken oder sogar Handgreiflichkeiten. Aber gelegentlich schwoll auch ihr der Kamm, etwa beim TV-Duell, dessen vorab festgelegte thematische Schwerpunktsetzung ziemlich von dem abhob, was die Bevölkerung am meisten interessierte. Das waren (und sind) die Flüchtlingsproblematik und, damit teilweise im Zusammenhang stehend, Arbeit, Bildung, Wohnen und innere Sicherheit.

Der Leiter des Rhein-Gold-Instituts in Köln, der Psychologe Stephan Grünewald, der über Tiefeninterviews schon seit Jahren eine erstaunliche Fühlungnahme hat, was den Gemütszustand des Landes betrifft und was in der Gesellschaft rumort, stellte in einem *Spiegel*-Interview im September 2017 als Ergebnis der Untersuchungen seines Instituts den großen Bedarf nach Struktur und Orientierung heraus. Die Wähler seien enttäuscht, wie wenig im Wahlkampf auf «ihre» Themen eingegangen werde. Die Wut werde in digitalen Schattenwelten artikuliert, während sich die Leute analog (noch) an die Kandare nähmen. Grünewald prognostizierte einen klaren Sieg von Angela Merkel, obwohl sie den Bedürfnissen nach Struktur und Orientierung offenbar nur noch zum Teil gerecht werde. Es handele sich bei der Entscheidung für Merkel denn auch eher um ein halbherziges Treuebekenntnis: Das Bewährte werde noch einmal auf Bewährung verlängert.

Insofern war diese Bundestagswahl doch anders als die letzte. Auf der politischen Richterskala wurde seismographisch angezeigt, dass es im Untergrund rumorte. Und möglicherweise war es der letzte Bundestagswahlkampf, in dem die etablierten Parteien und ihre Spitzenleute mit Luftballons, Kulis und Blasmusik, mit erstaunlich nichtssagenden Plakaten, Frontalreden, einer selbstgefälligen Agenda einschließlich mancher Beschönigung und kontrollierten Fernsehformaten auf das Wohlwollen breiter Wählerschichten zählen konnten.

Zurück zu der flüchtigen Wechselstimmung im Frühjahr 2017 – wenn es denn wirklich eine gab – und zur Hinfälligkeit einer realistischen Machtoption für die SPD. Dass es sie nicht wirklich gab, war der eine Klotz am Bein. Der zweite war die Regierungs(mit)verantwortung über 15 Jahre während der vergangenen 19 Jahre, gerechnet ab dem Wahlsieg von 1998; in diesem Zeitraum saß die Union nur 12 Jahre in der Exekutive, allerdings auf dem Chefsessel. Drittens befand sich die SPD in der Flüchtlingspolitik in einem Spagat zwischen den stark moralisch und kosmopolitisch argumentierenden Anhängern einer Willkommenskultur einerseits und vielen in ihrem Status und Selbstwertgefühl verunsicherten Wählern andererseits. Und viertens erging es ihr ebenso beim Thema Europa: proeuropäischen Gesinnungsgenossen, die in der EU und der Europäischen Währungsunion eine Solidargemeinschaft sehen, auf der einen, auf der anderen Seite denjenigen, die auf eine deutsche Souveränität pochen und die Rolle eines Zahlmeisters für Europa ablehnen. Von diesen vier Mühlsteinen im Gepäck der SPD soll jetzt die Rede sein.

Das erste Mal, dass ich in den engeren Radius einer Wahlkampagne geriet, war 1986 als Büroleiter des nordrhein-westfälischen Ministerpräsidenten Johannes Rau, des Spitzenkandidaten der SPD für die Bundestagswahl Ende Januar 1987. Es war die erste Bundestagswahl nach der von der Union so genannten Wende: Helmut Kohl war mit einer Koalition aus Union und FDP im Oktober 1982 über das erfolgreiche Misstrauensvotum gegen die Regierung von Helmut Schmidt ins Kanzleramt eingezogen und darin vom Wähler in der Bundestagswahl Anfang März 1983 bestätigt worden.

In dem damaligen Drei-Parteien-System war es ziemlich unwahrscheinlich, dass Johannes Rau die FDP zurückholen und einen abermaligen Regierungswechsel herbeiführen konnte. Deshalb setzte die SPD notgedrungen auf eine eigene Mehrheit – bis Willy Brandt aus seinem südfranzösischen Domizil verlauten ließ, dass 42 Prozent doch auch ein schönes Ergebnis seien. Damit brach die Kampagne in sich zusammen, und ich konnte Zeuge werden, wie Johannes Rau resignierte. Er erhielt dann stolze 37 Prozent, was aus heutiger Sicht in der Tat «ein schönes Ergebnis» war.

Seitdem verfolgt die SPD in ihren Bundestagswahlkämpfen das Dilemma einer realistischen Machtoption, wenn man die drei Wahlkämpfe von Gerhard Schröder 1998, 2002 und auch 2005 davon ausnimmt. Sowohl Frank-Walter Steinmeier 2009 als auch ich selbst 2013 und nun Martin Schulz wurden von diesem Dilemma geradezu erdrückt. Nach jeder Umfrage, die belegte, wie aussichtslos ein Machtwechsel war, brachten die Kommentatoren aufs Neue ihre Verwunderung über die Strategie der SPD zum Ausdruck. Es blieben dem jeweiligen Spitzenkandidaten dann nur die üblichen autosuggestiven Parolen: dass die Wählerschaft volatiler denn je sei, dass sich viele erst kurz vor dem Wahltag entschieden, dass Trends immer auch umgebogen werden könnten. Dabei war man sich vollkommen im Klaren darüber, dass solche Formeln bei den Nachsichtigen Lächeln, bei manchen auch Häme auslösten.

Das Momentum im Zuge einer Hausse der SPD in den Umfragen nach der Nominierung von Martin Schulz ging jedenfalls verloren. Die Schuld lässt sich aber nicht einfach beim Spitzenkandidaten abladen, selbst wenn er sich – aus welchen Motiven auch immer – sträflich aus dem nordrhein-westfälischen Landtagswahlkampf verbannen und später auch inhaltlich verbiegen ließ. Die Gründe liegen tiefer. Seit geraumer Zeit sahen der eine oder die andere im linken Spektrum der SPD-Bundestagsfraktion und der Partei einen Ausweg aus dem Dilemma der fehlenden Machtoption in der Hinwendung zur Linkspartei – und knüpften zarte Bande. Gegen solche Gesprächsbrücken spricht rein gar nichts. Alle demokratischen Parteien müssen untereinander gesprächsbereit sein.

Anfang 2017 schienen einige jedoch von dem Experiment beseelt, im Saarland die Formel R2G (Rot-Rot-Grün) einmal einem Praxistest zu unterziehen. Das ließ die Parteiführung zu und erweckte damit in der Öffentlichkeit den Eindruck, die SPD könnte mit einer solchen Konstellation auch auf Bundesebene flirten. Vielleicht war diese Nachsichtigkeit gegenüber dem Experimentiergeist, in dem sich die Sehnsucht des linken Lagers widerspiegelte, auch dem Streben nach Geschlossenheit geschuldet, wie es sich in dem hundertprozentigen Wahlergebnis für Martin Schulz ausdrückte. Niemand sollte innerparteilich verprellt werden. Aber in der Außenwirkung war der Fehler gemacht.

Mit einer Linkspartei, die in nennenswerten Teilen zumindest ein distanziertes Verhältnis zum europäischen Projekt westlicher Prägung hat, die zu protektionistischen Tendenzen neigt, die dem Staat unbezahlbare Leistungen abverlangt, die in Putins Russland immer noch eine Art «sozialistischen Bruder» sieht, die indifferent, wenn nicht ablehnend zu Deutschlands sicherheitspolitischer Einbindung in den Westen steht und die NATO explizit auflösen und durch ein – wie auch immer zustande kommendes – kollektives Sicherheitssystem mit Russland ersetzen will, die Deutschland in Armut und Elend versinken sieht, die mit linksextremer Gewalt nachsichtig umgeht und beim G20-Gipfel in Hamburg «marodierende Polizeihorden» gesehen hat (Katja Kipping) und die, wie es Mechthild Küpper in der FAZ formulierte, auf ihren Parteitagen das «inbrünstige Dreschen der SPD» zum Ritual erhoben hat – mit einer solchen Partei kann die SPD jedenfalls auf absehbare Zeit keinen Staat machen. Das dürfte die Überzeugung einer breiten Mehrheit der Wählerschaft und – wie ich vermute – auch der SPD-Mitglieder sein.

Natürlich muss die SPD genau beobachten, welche Häutungen die Linkspartei zukünftig vollzieht. Richtmarken für eine Annäherung an die SPD sind die Westbindung Deutschlands durch Mitgliedschaft in EU und NATO, ein starker, aber nicht überdehnter Staat und eine Wettbewerbsökonomie in sozialer Verantwortung. Der thüringische Ministerpräsident Bodo Ramelow und der Co-Vorsitzende der Bundestagsfraktion der Linkspartei Dietmar Bartsch haben solche Eckpfeiler offensichtlich im Visier. Für die SPD ist das jedoch nicht genug, um über eine politische Lebensabschnittsgemeinschaft nachzudenken.

Keiner weiß genau, welche Auswirkungen der Flirt mit R2G im Saarland auf die abstürzenden Umfragewerte ab Mitte April 2017 hatte. Dass das Ansinnen aus dem linken Lager, eine rot-rot-grüne Option in der Schwebe zu halten, der SPD geschadet hat, steht jedoch außer Zweifel. Zu leicht konnten CDU/CSU daraus Funken schlagen und sogar Teile der SPD-Wählerschaft verunsichern. Deshalb hätte dieses Experiment gleich abgeräumt werden müssen – auch um den Preis, dass das Dilemma einer fehlenden Machtoption der SPD unmittelbar wieder auf die Füße gefallen wäre.

In einer solchen Lage gab es nur folgende Möglichkeiten:

1. Innerparteilich jedwede Spekulation über Koalitionen einzustellen.
2. So banal es klingt: Stramm für eine Maximierung des eigenen Stimmenanteils zu kämpfen und dafür
3. auch in den Gehegen von CDU/CSU (Recht und Gesetz) Grünen (Autoabgasproblematik) und Linkspartei (Erbschaftssteuererhöhung zur Bildungsfinanzierung) zu wildern.
4. Hätte die SPD noch vor der Wahl einer Fortsetzung der großen Koalition eine Absage erteilen und ihre Bereitschaft erklären können, die Rolle einer kraftvollen innovativen Opposition anzunehmen, was allerdings bedeutet hätte,
5. den Kanzlerkandidaten in den Spitzenkandidaten der SPD zu verwandeln.

Stattdessen musste Martin Schulz bis zum High Noon des Wahltages an der Fata Morgana eines Wahlsieges festhalten und das Publikum mit Einlassungen erheitern, Frau Merkel könne gern als Vizekanzlerin in sein Kabinett eintreten. Auch Äußerungen, am 24. September werde es Prozessionen anderer Parteien zur Berliner SPD-Parteizentrale geben, führten eher zur Belustigung des Publikums.

Andererseits ist klar: Ein falsches Zucken und auch nur die leiseste Andeutung von Realitätssinn über den Ausgang der Bundestagswahl – und dieselben Leute, die alle Selbstbeschwörungen als lächerlich und hilflos aufspießten, hätten eine Lawine losgetreten, die den Wahlkampf der SPD auf der Zielgeraden unter sich begraben hätte. Wahlkämpfer wären in ein tiefes Stimmungsloch gefallen. Wankelmütige SPD-Wähler wären zu Hause geblieben. Ein solcher Ausflug in die Realität kann spielend 2 bis 3 Prozent kosten.

Die SPD hatte aber nicht nur das Momentum des Schulz-Hypes verpasst. Entscheidend war wieder einmal, dass die Partei ein falsches Bild von Deutschland und seiner Gesellschaft hatte und die darauf beruhende Wahlkampagne nicht verfing. Sie erlag dem Irrtum, eine Addition von Minderheitsinteressen in parlamentarische Mehrheiten überführen zu können, und ihr fehlte ein Zukunftsentwurf, der sie als Avantgarde auswies. Hinzu kamen nicht zuletzt erhebliche organisatorische Defizite. Von alledem wird noch die Rede sein.

Die Tatsache, dass die SPD seit Gerhard Schröders Wahlsieg 1998 15 Jahre lang mitregierte und in dieser Zeit durchgängig das Arbeits- und Sozialministerium besetzte – also wenn man so will, an den Schaltern des Sozialstaats saß –, wurde natürlich von den politischen Kontrahenten ausgebeutet. Demnach war die SPD weitgehend mitverantwortlich für den sozialen Zustand der Republik. Die Matadore der CDU/CSU wussten diese Karte zu spielen und Hinweise der SPD auf soziale Missstände nach dem Motto «mitgefangen – mitgehangen» zu parieren. Die Linkspartei spielte dieselbe Karte, um der SPD vorzuhalten, was sie denn alles versäumt oder billigend zugelassen habe – als Abrissbirne des Sozialstaates. Groteskerweise fielen die Leistungen und Impulse der SPD wie insbesondere die Reformagenda 2010 auch noch der CDU/CSU als Rendite zu, nicht zuletzt, weil die SPD selbst verschämt damit umging und keine offensive Kommunikation zu entwickeln vermochte.

Selbst wenn man keine sozialdemokratische Brille trägt, steht außer Zweifel, dass die SPD in diesen 15 Jahren – Irrtümer und Defizite konzediert – gute Arbeit geleistet und vieles bewirkt hat. Das gilt auch für die letzte Legislaturperiode, in der sie trotz ihres Gewichtsverlustes von 2013 im Binnenverhältnis zur Union nicht selten als Treiber erschien und vom Mindestlohn über die Frauenquote oder die Ehe für alle bis zur doppelten Staatsbürgerschaft viel durchzusetzen vermochte.

Wenn man diese Mitverantwortung in der Regierung nicht verleugnen will und auf die Resultate sogar mit einem gewissen Stolz verweisen kann, sollte man schlechterdings nicht im anschließenden Wahlkampf über Land ziehen und lauthals rufen, dass jetzt (!) Zeit für mehr (!) Gerechtigkeit gekommen sei. Der Herold der Gerechtigkeit war eine Fehlbesetzung in einem überdies falschen Film.

Der Hinweis, CDU/CSU hätten mehr und Besseres verhindert oder ausgebremst, verfing kaum. Zumal die SPD zu Recht auf ihre Habenseite schreiben konnte, was sie der Union als Junior in der Koalition alles abgetrotzt hatte. Um den bissigen Hinweis auf Mithaftung aus 15 Regierungsjahren zu kontern, hätte die SPD ihre Kampagne auf eine Zukunftsgestaltung ausrichten müssen, die gleichzeitig für wirtschaftlichen Wohlstand, sozialen Zusammenhalt sowie innere und äußere Sicherheit sorgt. Natürlich kann sie ihre DNA nicht verleugnen und muss Angebote ins Schaufenster stellen, die auf mehr Fairness und Gerechtigkeit zielen. Aber dann bitte scharf geschnitten und konzentriert und nicht als eine Loseblattsammlung (Peter Dausend) diverser sozialer Anliegen. Zu viele Anliegen auf einmal wecken nur den Verdacht, dass die Maschine sozialer Transfers weiter gefüttert werden soll, was die Lastesel des Sozialstaates, also die mittleren Einkommensbezieher, als Anschlag verstehen.

Dreh- und Angelpunkte für mehr Gerechtigkeit scheinen mir die Schieflage in der Vermögensverteilung, der nach wie vor stark herkunftsabhängige Zugang zu Bildung und die ungleiche Bezahlung von Frauen und Männern für die gleiche Tätigkeit zu sein. Dementsprechend hätte der Akzent auf einer deutlichen Erhöhung der Erbschaftsteuer, der Verwendung des entsprechenden Mehraufkommens zur Verbesserung des gesamten Bildungssystems und der Angleichung der Bezahlung von Frauen bei gleicher Qualifikation liegen müssen.

Über die Benachteiligten hinaus sind aber die Facharbeiter der tragenden Wirtschaftsbranchen, Einzelunternehmer, Mittelständler, «disponierende Eliten» (Peter Glotz), ehrenamtlich Tätige in zivilgesellschaftlichen Organisationen und berufstätige Frauen in den Mittelpunkt zu stellen, die etwas vorantreiben und deshalb wissen wollen, welchen Zukunftsentwurf ihnen die SPD bietet und welche persönlichen Entfaltungsmöglichkeiten sich ihnen dabei eröffnen.

Die SPD hätte sich viel stärker zum Anwalt einer sicheren Zukunft machen müssen, statt im Wesentlichen nur als Korrektiv sozialer Schieflagen zu erscheinen. Das gilt insbesondere hinsichtlich der Interessen und Anliegen jüngerer Wähler, die in der

SPD derzeit einen langweiligen Tanztee mit mürbem Gebäck für ältere Herrschaften sehen, aber auch für deren Großeltern, die ihren Enkelkindern eine gute Zukunft wünschen.

In der Flüchtlings- und Zuwanderungskrise saß die SPD geradezu schicksalhaft zwischen den Stühlen. Sie konnte nicht beiden Strömungen in der Wählerschaft zugleich entsprechen, die sich auch in ihrer eigenen Gefolgschaft spiegeln: den Anhängern einer Willkommenskultur und Verteidigern des großzügigen deutschen Asylrechts auf der einen Seite und den auf Abwehr und Abschottung drängenden Kräften auf der anderen. Nach emotional berührenden Bildern eines praktizierten Humanismus und eines fantastischen ehrenamtlichen Engagements Ende 2015 folgte im Jahr 2016 zunehmend – jenseits einer dumpfen hellbraunen Fremdenfeindlichkeit – eine Ernüchterung ob der praktischen Integrationsprobleme und der Aufnahmefähigkeit unserer Gesellschaft von so vielen Menschen aus fundamental anders geprägten Religions- und Kulturkreisen. Die Sorge um die Sicherheitslage und die Furcht vor einer zunehmenden Kriminalität taten das Ihrige hinzu. Die Stimmung kippte und polarisierte.

Vor diesem Hintergrund konnte die SPD dem Ruf nach einer eindeutigen Positionierung nicht gerecht werden. Genau wie die CDU hätte sie das Thema «Flüchtlingskrise» aus dem Wahlkampf am liebsten verbannt, weil sie sich der Ausweglosigkeit bewusst war. Hätte sich die SPD den Forderungen nach einer numerischen Obergrenze und einer hartherzigen Gangart mit Flüchtlingen und Zuwanderern angeschlossen, hätte sie nicht nur ihre politische und moralische Unterstützung der Grenzöffnung im September 2015 durch Angela Merkel und ihr Loblied auf das Bürgerengagement verleugnet und darüber Glaubwürdigkeit eingebüßt. Sie hätte vor allem jene nachhaltig verprellt und vertrieben, die für eine großzügige Aufnahme von Flüchtlingen und Zuwanderern eintreten und in der SPD zu Recht immer einen Anwalt von Verfolgten gesehen haben. Auf der anderen Seite blieb die SPD all denen eine Antwort schuldig, die nach einer sehr viel rigideren und gedeckelten Aufnahme sowie einem sehr viel schärferen Vorgehen gegen Missbrauch des Asylrechtes und andere Rechtsverletzungen verlangten. Der Zuckerguss, der über handfeste Integrationsprobleme bis hin zu deren Tabuisierung aus einem politisch korrekten antirassistischen und philanthropischen Verständnis gelegt wurde, ging vielen gegen den Strich.

Das Thema «Flüchtlingskrise» wollte aus dem Wahlkampf nicht verschwinden. Im Gegenteil: Es stand zwar nicht bei den «Altparteien» obenan, dafür aber bei den Wählern an erster Stelle. Und die nahmen es übel, dass das Themenangebot der etablierten Parteien nicht mit ihren Anliegen korrespondierte.

Die SPD stand aus den genannten Gründen blank da. Sie musste lavieren, um in den jeweils gegenüberliegenden Lagern nicht allzu viele Wähler zu vergrämen. Für die CDU/CSU stellte sich die Lage anscheinend etwas vorteilhafter dar. Denn sie war beides. Sie war einerseits humaner Grenzöffner in der Person von Angela Merkel, und sie war andererseits Befürworter einer strikten Obergrenze in Gestalt von Horst Seehofer – bis hin zu dessen Androhung, wegen des Kontrollverlustes an den Grenzen gegen die Bunderegierung zu klagen. Sie war einerseits Angela Merkels «Wir schaffen das» – und sie war andererseits Angela Merkels Deal mit dem türkischen Präsidenten Erdoğan, mit dem das ganze Problem von Deutschlands Außengrenzen an die Südostgrenze Europas verlagert wurde. In dieser Rolle als Doppelagent konnten CDU/CSU jedem die Praline anbieten, die er mochte.

Am Ende zahlte sich dieser scheinbare Vorteil für die Union dann doch nicht aus. Im Gegenteil, im Spagat zwischen praktizierter Humanität und dem Begehren nach Kontrolle soff sie ab. Zu durchsichtig wirkte Angela Merkels faktischer Schwenk in der Flüchtlingspolitik: von einer Öffnung der deutschen Grenzen hin zur Verschiebung des Problems an die Außengrenzen der EU bei gleichzeitiger Schließung der Balkanroute, unter Beibehaltung ihrer Willkommensrhetorik –«Wir haben alles richtig gemacht». Die hartleibigen Vertreter von «Grenzen dicht» wechselten lieber zu den Hardlinern der AfD.

Schließlich befand sich die SPD auch im Schraubstock gegensätzlicher Positionen in Sachen Europa. Jenseits aller Eurokraten-Sprache ging es und geht es bei der Stabilisierung der gemeinsamen Währungsunion um die schlichte Frage, ob Deutschland – also der deutsche Steuerzahler – für den Zusammenhalt der Eurozone und damit letztlich auch der EU im Ganzen zahlen soll oder nicht. Das europäische Herz der SPD sagt ja. Der deutsche Steuerzahler sagt mehrheitlich nein und findet sich bei der CDU/CSU wieder, die gegen das Gebilde einer Transferunion und Haftungsgemeinschaft trommelt. Tatsächlich ist die EU in weiten Teilen längst eine Transferunion, was von jeher insbesondere für den Agrarmarkt gilt. Aber auch die Politik der Europäischen Zentralbank (EZB) läuft de facto längst auf eine Staatsfinanzierung schwächerer Mitgliedsstaaten auf Umwegen hinaus, für die andere – allein Deutschland mit immerhin 27 Prozent – haften müssten, wenn es zu Ausfällen käme. Aber das spielt im Schlagabtausch deutscher Ressentiments, auf keinen Fall für die angeblichen Unfähigkeiten, Versäumnisse und den Klientelismus vornehmlich südlicher Mitgliedsstaaten zu zahlen, keine Rolle.

Angesichts der Disparitäten innerhalb der europäischen

Währungsunion und der dort entfallenden Autonomie eines Landes, seine Position über Auf- oder Abwertungen korrigieren zu können, steht die Währungsunion früher oder später unausweichlich vor der Entscheidung, weitere Elemente einer Transferunion einzuziehen oder angreifbar zu werden. In Deutschland firmiert ein solcher Mechanismus unter der Bezeichnung des Bund-Länder-Ausgleiches und sorgt dafür, dass sich die Lebensverhältnisse zwischen der Uckermark und der Bodensee-Region nicht vollständig voneinander abkoppeln.

Die SPD sagt, Deutschland wird es immer nur so gut gehen, wie es unseren Nachbarn gut geht. Das ist unabweisbar richtig. Also haben wir ein pures Eigeninteresse, dass unsere Nachbarländer nicht abstürzen und die historisch einmalige europäische Ordnung am Beginn des 21. Jahrhunderts nicht koppheister geht. Bis zu diesem Punkt mag es noch einen breiten Konsens unter den Deutschen geben. Wird es aber konkreter und geht es um Haftung oder Transfers für andere Länder, reagiert der deutsche Steuerzahler höchst empfindlich und straft die politische Partei ab, die dies auf die Tagesordnung setzt. Darin lag das vierte Dilemma der SPD: Sie ließ sich von dieser Drohung einschüchtern und trat nicht fest und laut genug auf in Sachen Europa. Die Gegner einer weiteren europäischen Integration gehörten ohnehin nicht zu ihren Anhängern. Aber die proeuropäischen Kräfte, insbesondere unter den jungen Wählern, deren Zukunft nur in und mit Europa gelingt, die sahen die SPD als zu zaghaft, zu taktisch eingestellt, jedenfalls nicht als einen ehrgeizigen Promotor der europäischen Sache.

Das war Angela Merkel definitiv auch nicht. Aber in einer auseinanderdriftenden Welt voller Machos, Narzissten und Ego-Shootern in Staats- und Regierungsämtern erschien sie als ein Hort der Vernunft und wahrte immer die Fassung. An diesem berechtigten Image war nicht zu rütteln. Als es am Morgen des 9. November 2016 ein böses Erwachen gab und den meisten Europäern Donald Trump als neuer US-Präsident in die Glieder fuhr, war mein erster klarer Gedanke nach Wiedererlangung des Bewusstseins, dass Trumps Sieg (mit drei Millionen weniger Stimmen als Hillary Clinton) eine sehr wirksame Vitaminspritze für einen erneuten Wahlsieg von Angela Merkel sein dürfte.

Donald Trump erreicht unzweifelhaft die Höchstnote eines Narzissten, dem es an Selbstkontrolle, Arbeitsethos und Respekt vor den Regeln eines politischen Amtes fehlt. Tatsächlich sind wir umzingelt von Männern (!) mit autokratischen Zügen. Von «America First» über das eurasische Gegenmodell Putins, die Ausdehnung der osmanischen Einflusszone und Chinas verkappten Seidenstraßen-Wirtschaftsimperialismus bis hin nach Pjöngjang erleben wir eine unheimliche Renaissance von Machtfantasien. Die britische Premierministerin Theresa May, die unterdessen dem Glanz des untergegangenen Empire nachhängt und von «Global Britain» träumt, ist eher eine Kuriosität am Rande.

Dass Angela Merkel sich fast ausnahmslos auf ein moderierendes Verständnis von Politik auch auf dem internationalen Parkett zurückzieht, selbst dort, wo statt diplomatischer Nebelkerzen ein klarer Standpunkt und eine Wegweisung geboten wären, mag gelegentlich die Galle reizen. Etwa wenn die in Festreden besungenen europäischen Werte ausgerechnet innerhalb Europas oder in einem (immer noch?) beitrittsinteressierten Land wie der Türkei massiv verletzt werden. Inakzeptabel ist nicht nur Merkels duldsamer Umgang mit dem türkischen Präsidenten Erdoğan, der sie und Deutschland insgesamt in den Kontext des Nationalsozialismus stellte oder stellen ließ, der regelmäßig hanebüchenen Eingebungen folgend deutsche Staatsbürger mit meist türkischem Hintergrund in Geiselhaft nimmt und sein Land mit antidemokratischer Repression führt, ohne bisher auch nur einen einzigen Cent der 4,45 Milliarden Euro (2014 bis 2016) an EU-Vorbeitrittshilfen einbüßen zu müssen. Schwer nachvollziehbar sind auch Merkels Nachsicht mit dem ungarischen Ministerpräsidenten Viktor Orbán und seiner Partei Fidesz, die Mitglied der Europäischen Volkspartei (EVP) unter ihrem Vorsitz ist, deren chauvinistische Tendenzen und Verfassungsverständnis aber kaum dem Rechtsempfinden dieses konservativ-bürgerlichen Parteienblocks entsprechen dürfte, oder ihre eher mitleidige Haltung gegenüber den Platzhaltern des Vorsitzenden der polnischen PiS-Partei Jarosław Kaczyński, der in Polen – dem größten Netto-Empfänger von EU-Mitteln – gerade die Gewaltenteilung abservieren lässt. Angesichts solcher und weiterer Herausforderungen, die das gegenwärtige Europa in einem labilen Zustand erscheinen lassen, wäre Initiativkraft auf europäischer Ebene umso dringender erforderlich.

Aber Heinrich Heine hätte unter der Kanzlerschaft von Angela Merkel gut geschlafen – und so geht es vielen Deutschen aktuell. Sie erscheint als die personifizierte Deeskalation angesichts der Kraftmeierei um uns herum. Sie verkörpert Entwarnung. Ob Trump, Putin, Netanjahu, Erdoğan, Assad, Orbán, Kaczyński, Kim Jong-un oder auch die Ober-Brexiteers à la Boris Johnson: Bei allen Unvergleichbarkeiten der politischen Charaktere erscheint Angela Merkel als das Gegenbild schlechthin, als Fels in der Brandung. Keine bramarbasierenden Auftritte, keine Fotos mit einem erlegten Drachen, keine Entgleisungen in Wort und Bild, keine tägliche Banalisierung von Politik auf 140 Zeichen – nichts dergleichen. Dabei durchaus respektiert und nicht ohne Grund für einflussreich gehalten.

Die biedermännische Erscheinung von Helmut Kohl, der auf Machtallüren zu verzichten schien (im europäischen Verhältnis, nicht auf dem innenpolitischen Glacis!), mag als wohltuend im Gegensatz zu preußisch-deutschem Auftrumpfen empfunden worden sein. Wahrscheinlich war diese Jovialität eine der wesentlichen Voraussetzungen dafür, dass unsere europäischen Nachbarn die Wiedervereinigung Deutschlands und damit ein machtvolles Gebilde in der Mitte Europas akzeptierten. Ganz ähnlich wirkten die Solidität von Angela Merkel, ihr Verzicht auf prätentiöse Anwandlungen und ihr Image als «Werktätige» der Nation im Vergleich mit vielen unberechenbaren und großspurig auftretenden Staats- und Regierungschefs wie eine Versicherungspolice. «Sie kennen mich ja!», mit diesem Satz traf sie schon 2013 die Mentalität vieler Wähler in der Mitte, die mit Sorge über die Grenzen blickten und nach Stabilität durch Kontinuität im Kanzleramt suchten.

Ein zweiter wichtiger Grund für die Wiederwahl Angela Merkels war ihre Strategie, allen innenpolitischen Themen, die ihr gefährlich werden konnten, den Zahn zu ziehen, indem sie sich diese zu eigen machte – vom Ausstieg aus der Kernenergie über die Einführung eines Mindestlohnes, eine moderne Familienpolitik und die Duldung der Ehe für alle bis hin zur Abgrenzung von den USA einschließlich einer mindestens habituell kongenial dokumentierten Distanz zu Donald Trump. In den innenpolitischen Debatten verabreichte sie Beruhigungspillen und mied Diskurse über neue gesellschaftliche Entwürfe sowohl in ihrer Partei als auch in der öffentlichen Arena. Vielleicht glaubte sie, solche Debatten seien ihrer Kanzlerschaft abträglich, vielleicht hielt sie es einfach nur für vergeudete Zeit, über Projekte zu diskutieren, die unter dem Druck einer Krise entstehen, im politischen Alltag dann aber oft schnell an

Sprengkraft verlieren. Es gab eine einzige Ausnahme – ihre Entscheidung zur Flüchtlingsaufnahme –, und die ist ihr fast um die Ohren geflogen.

So erfolgreich die Strategie der asymmetrischen Demobilisierung für Angela Merkel und die Union jedes Mal war – 2017 genauso wie 2009 und 2013 –, so sehr führte dies zu einer Einschläferung der Wähler und einer allgemeinen Entpolitisierung. Politische Konkurrenzmuster, von denen eine Demokratie lebt, verschwammen. Als Juniorpartner der großen Koalition, in fester Umarmung mit der CDU/CSU, war daran zweifellos auch die SPD beteiligt – halb zog es sie, halb sank sie hin.

Nach der ersten Hochrechnung am 24. September 2017 stellten dann beide Partner mit Erschrecken fest, dass ein Teil der Wähler aus Enttäuschung über mangelnde Alternativen und auf der Suche nach Gehör eine Adresse gefunden hatte, die einfache, aber grundlegend falsche Antworten anbot. Die aufgesetzte Unbekümmertheit und Verstocktheit, mit der Angela Merkel den Absturz ihrer Partei kommentierte, obwohl gerade ihr Politikstil der Nivellierung von Unterschieden bis hin zur angeblichen Alternativlosigkeit («Ich kann nicht erkennen, was wir jetzt anders machen müssten») dazu nicht unwesentlich beigetragen hat, ließen auf erste Risse in dem bis dahin weitgehend unantastbaren Standbild der Kanzlerin schließen.

Die meisten dieser Kalamitäten belasteten die SPD schon lange vor Schließung der Wahllokale am 24. September 2017. Knapp zwei Monate danach überfiel sie mit dem Ausstieg der FDP aus den Sondierungen über eine Jamaika-Koalition ein neues Dilemma mit voller Wucht.

Die Situation traf die SPD-Spitze sträflich unvorbereitet, obwohl sie die Möglichkeit eines Scheiterns der Sondierungen hätte einkalkulieren und wissen müssen, dass der Ball dann in ihre Spielfeldhälfte getrieben werden würde. Ob die am Wahlabend verkündete strikte Ankündigung der SPD, nicht wieder in eine große Koalition einzutreten, taktisch richtig und nicht vielmehr dem Überleben ihres Parteivorsitzenden geschuldet war, ist heute nebensächlich. Strategisch war die Ankündigung des Rückzugs in die Opposition im Schatten des desaströsen Wahlergebnisses richtig. Die große Koalition war mit minus 13 Prozent ins Tal geschickt und damit abgewählt worden. Das Argument, die SPD müsse ihre notwendige Regeneration frei von Regierungsverantwortung betreiben, klang nicht unvernünftig. Es zeichnete sich klar ab, dass die Mehrzahl ihrer Mitglieder genau dies erwartete: «Nie wieder GroKo».

Der Vorwurf, der Bundestag habe sich während der letzten Legislaturperiode in zentralen Fragen zu einer Konsensveranstaltung entwickelt und dabei sei die Politik insgesamt unter dem Mantra der Alternativlosigkeit in Mitleidenschaft gezogen worden, war nicht unberechtigt. Umso mehr galt es, eine starke Oppositionsrolle zu übernehmen und der AfD als drittstärkster Fraktion nicht die Rolle des Oppositionssprechers zu überlassen. Diejenigen, die der SPD eine unzulässige Verweigerungshaltung vorwarfen, hätten sofort Spottgesänge über Machtversessenheit und Postenjägerei angestimmt, wenn sie sich mit ihren bescheidenen 20,5 Prozent auf eine neue große Koalition eingelassen hätte.

Das war alles richtig – galt aber nur bis zum Sonntag, den 19. November 2017, 23:19 Uhr. Mit dem Jamaika-Aus veränderte sich die politische Grundkonstellation. Der Beschluss des SPD-Parteivorstandes früh am nächsten Tag, erneut eine große Koalition apodiktisch abzulehnen, erschließt sich mir in seiner Weisheit bis heute nicht. Nicht einmal die Ansprache des Bundespräsidenten wollte man abwarten, so eilig hatte man es mit dieser Erklärung. Von da an konnte jeder sehen, wie das Verhängnis seinen Lauf nahm.

In der Sitzung des Parteivorstandes am 20. November 2017 gab es einige wenige mahnende Stimmen – insbesondere wohl von Stephan Weil und Heiko Maas – nach dem Motto «Vorsicht an der Bahnsteigkante». An der Gruppendynamik änderte dies nichts. Ausnahmslos alle Vorstandsmitglieder kletterten hoch in den Baum, von dem wieder abzusteigen bekanntlich auch zu Abstürzen führen kann.

Wo alle dasselbe denken, denkt niemand richtig. Jedenfalls dachte offenbar kaum jemand – oder nur insgeheim – vom Ende her und fragte, was zum Beispiel eine Neuwahl mit allen Imponderabilien konkret bedeutete. Die würde die SPD mit ziemlich unbequemen, ja ätzenden Fragen konfrontieren: Wer wäre denn der Spitzenkandidat? Käme es zu einer Neuauflage der gescheiterten Wahlkampagne, oder müsste eine ganz neue Aufstellung aus dem Hut gezaubert werden? Welche Machtoption hätte die SPD denn dieses Mal? Würde sie nach der Wahl mit einem besseren Ergebnis in eine große Koalition einziehen – vielleicht mit 22 Prozent? Und wenn große Koalition, warum dann nicht gleich, ohne sechzig Millionen Wähler noch einmal an die Wahlurne zu bitten. Wenn nein, landete man unabweisbar bei einer Neuauflage der Jamaika-Sondierungen. Für eine Minderheitsregierung müsste man die Wähler ebenfalls nicht extra bemühen.

Wie dachten eigentlich die gerade frisch gewählten 153 Abgeordneten der SPD-Bundestagsfraktion über Neuwahlen? Wurden sie dazu befragt, dass man ihnen in kurzem Abstand erneut physisch, organisatorisch und auch monetär alles abverlangen würde – mit dem Risiko, dass die SPD vielleicht ein noch schlechteres Ergebnis erzielte und einige Abgeordnete ihr gerade bezogenes Büro wieder räumen müssten. Und wem würde wohl jeder eventuelle Pluspunkt der AfD bei Neuwahlen ins Stammbuch geschrieben werden?

Als Sozialdemokraten, die bislang vehement gegen eine große Koalition gewettert hatten (wofür es zweifellos gute Argumente gab), sich etwas vorsichtiger äußerten, begann die SPD-Führung nach Leitern zu suchen, um von dem hohen Baum auf den Boden der Tatsachen abzusteigen. Mit dem Bundesparteitag vom 7. bis 9. Dezember 2017 sollte das Wendemanöver zwischen parteipolitischer Glaubwürdigkeit und staatspolitischer Verantwortung vorsichtig eingeleitet werden. Der ursprüngliche Fahrplan sah vor, dass der Parteitag das Mandat für Sondierungen mit der CDU/CSU erteilen und ein Parteikonvent anschließend den Einstieg in formale Koalitionsverhandlungen billigen sollte; am Ende würde ein Mitgliederentscheid auf der Grundlage eines entsprechenden Vertragsentwurfes über eine Regierungsbeteiligung herbeigeführt werden. Es kam anders.

Der Parteispitze wurde durch einen Änderungsantrag vorgegeben, erstens auch andere Optionen als eine große Koalition ernsthaft zu prüfen und zweitens bereits über das Ergebnis der Sondierungen mit der CDU/CSU einen Sonderparteitag einzuberufen, der dann über die Aufnahme formeller Koalitionsverhandlungen beschließen soll. Das war nichts anderes als eine Fußfessel für den Vorsitzenden und die Parteiführung, die mit einigem Misstrauen auf die Piste der Sondierungen mit der Union geschickt wurden. In letzter Konsequenz beschlossen die Delegierten der SPD, dass die CDU/CSU gefälligst eine Minderheitsregierung wollen soll. Diesen Gefallen wird die Union der SPD aber kaum tun. Sie dürfte auch allen «anderen Optionen» – wie es unbestimmt in der Beschlussvorlage der SPD heißt – eine Absage erteilen, so wie sie das hinsichtlich einer «Kooperationskoalition» schon gemacht hat. Diese Kopfgeburt einiger SPD-Politiker wäre auf eine Art Teilzeitkoalition hinausgelaufen, in der die SPD abwechselnd Regierung und Opposition hätte sein können.

Selbst wenn es einige Unionspolitiker gibt, die die harte Bank einer Minderheitsregierung dem Sofa mit der SPD vorziehen, wird die Partei- und Fraktionsführung von CDU/CSU das Horrorszenario vor Augen haben, dass sich in einer solchen Konstellation von Fall zu Fall die AfD als Mehrheitsbeschaffer aufspielen könnte. Das wäre ein Dammbruch – und allein diese Möglichkeit sollte auch der SPD zu denken geben.

Seit dem Scheitern der Jamaika-Sondierungen sind meine Argumente für eine große Koalition stärker als meine Ablehnung derselben. In diesem Punkt habe ich meine Meinung ändern müssen. Heute sprechen aus meiner Sicht fünf Gründe für eine große Koalition:

Erstens ist kaum eine andere europäische Demokratie nach den traumatischen Erfahrungen ihrer Geschichte im 20. Jahrhundert so sehr auf Stabilität und Sicherheit in den mentalen Tiefenschichten der Bürger angelegt wie Deutschland. Die Suche nach wechselnden Mehrheiten mit einem entsprechenden Aufwand an Zeit und politischer Energie verträgt sich schlecht mit diesem Grundbedürfnis.

Zweitens verlangen die Herausforderungen in Europa – von den Brexit-Verhandlungen über die Stabilisierung und Fortentwicklung der Wirtschafts- und Währungsunion sowie den Umgang mit Rechtsverletzungen in Polen und Ungarn bis hin zu deutsch-französischen Initiativen unter Berücksichtigung der Reformvorschläge des französischen Staatspräsidenten – eine klare parlamentarische Mehrheit und eine handlungsfähige

Bundesregierung. Deutschland muss außenpolitisch und europapolitisch immer verlässlich sein, und dazu «braucht es Festigkeit im Inneren, keine Zufallsentscheidungen», so Stefan Kornelius. Neben einer staatspolitischen Räson gibt es auch eine europapolitische.

Drittens ist ziemlich wahrscheinlich, dass sich im Fall von Neuwahlen die Stimmenanteile vielleicht mit einigen wenigen Prozentpunkten, unter dem Strich aber nicht wesentlich vom Ergebnis der Septemberwahl unterscheiden und deshalb am Tag danach die Lage nicht viel anders sein dürfte, als sie es ist. Auch deshalb ist der Druck aus der Bevölkerung groß, dass die Parteien eine Lösung finden, statt so lange wählen zu lassen, bis ihnen das Ergebnis passt.

Natürlich kann man zu dem Ergebnis kommen – Punkt 4 –, dass die notwendige Erneuerung der SPD in der Opposition eher und überzeugender gelingt als in der Regierungs(mit)verantwortung. Es ließe sich aber auch umgekehrt argumentieren: Außerhalb der Klammern einer Regierungsbeteiligung könnte dieser Prozess chaotischer und turbulenter ablaufen, als es der SPD guttun würde. Im Übrigen hat sie sich während ihrer Oppositionszeit von 2009 bis 2013 keineswegs erneuert, obwohl es bereits damals genügend Anlass gab.

Fünftens war ich von vornherein der Auffassung, dass eine Minderheitsregierung dem Land, nicht zuletzt mit Blick auf die Europapolitik, keine Zuverlässigkeit garantiert. Abgesehen davon, ob sich der Bundespräsident als Herr des Verfahrens überhaupt darauf einließe und die Bundeskanzlerin nicht selbst auf Neuwahlen drängen würde, hielte ich die Tolerierung einer Minderheitsregierung auch aus Sicht der Oppostion für ein höchst gefährliches Experiment. Wegen eines hohen Abstimmungsbedarfs dürfte sie viel Zeit und politische Energie kosten.

Ob da noch viel Freiraum für eine Erneuerung bliebe, erscheint mir fraglich. Der Fluchtpunkt würde von Mal zu Mal neu bestimmt werden müssen, und dies führte regelmäßig zu innerparteilichen Zerreißproben.

Warum soll der Rückzug an den Katzentisch für die SPD besser sein, als eigene Minister und Ministerinnen an den Kabinettstisch zu entsenden? Warum sollte die SPD auf den Oppositionsbänken zum Wasserträger von Angela Merkel werden? Das ist nicht nur machtpolitisch unsinnig – Duldung ist Zustimmung ohne Mitbestimmung, sagt Norbert Blüm zutreffend –, es würde auch dazu führen, dass die SPD von der Union Woche für Woche auf den heißen Grill gelegt wird. Ununterbrochen würde sie aufgefordert, ihre staatspolitische Verantwortung für Stabilität und Verlässlichkeit zu beweisen und insbesondere den schon erwähnten Fall zu verhindern, dass sich plötzlich aus rein taktischem Kalkül die AfD zum Mehrheitsbeschaffer aufschwingt. Nichts fiele der Union leichter, als der SPD den Schwarzen Peter zuzuschieben.

Aus den genannten Gründen erscheint mir allein die Alternative zwischen einer großen Koalition und Neuwahlen als realistisch. Der Satz von Martin Schulz: «Es gibt Lösungen jenseits der großen Koalition, die eine stabile Regierung ermöglichen», harrt der Konkretisierung. Es steht allerdings auch in den Sternen, ob ein weiterer Sonderparteitag der SPD in der zweiten Januarhälfte 2018 überhaupt grünes Licht für formelle Koalitionsverhandlungen gibt. Die Aversion der Funktionseliten der SPD gegen eine weitere Koalition mit der Union sitzt inzwischen so tief, dass die Risiken von Neuwahlen in gefährlicher Weise vernachlässigt werden: Am Tag danach könnte die SPD mit unter 20 Prozent kopf- und führungslos dastehen. Sicher ist, dass der Appell an die staatspolitische Verantwortung meiner Partei nicht mehr von durchschlagender Wirkung ist, weil zu viele inzwischen glauben, das die SPD sich in dieser Verpflichtung selbst zu marginalisieren droht.

Ob sich das Blatt noch wenden lässt und die SPD es schafft, der Erwartung von rund zwei Dritteln der Bevölkerung gerecht zu werden und ernsthafte Anstrengungen für eine große Koalition zu unternehmen? Tatsächlich stehen die Zeichen nicht gut. Zu groß ist der parteiinterne Frust über die ausgebliebene politische Rendite, zu groß sind inhaltliche Unverträglichkeiten zwischen den beiden Seiten, und als zu schwach erscheinen die drei Führungsfiguren der CDU, CSU und SPD, ihre mehr oder weniger obstinaten Truppen erneut zu verpflichten.

Wenn allerdings die Sondierungen dauern und anschließend beiden Seiten das Mandat für formelle Koalitionsverhandlungen erteilt werden sollte, gilt: Je länger der Prozess sich hinzieht, desto größer wird das Risiko für denjenigen, der ihn am Ende scheitern lässt. Dann bewahrheitet sich der Satz, der dem französischen Staatsmann Kardinal Richelieu zugeschrieben wird: Wer die Partie verlässt, verliert sie.

Der Leser wird, wenn er dieses Buch in Händen hält, mehr wissen als der Autor zum Zeitpunkt der abschließenden Niederschrift. Kurz vor Weihnachten 2017 war so viel klar: dass der SPD nicht nur am 24. September eine historische Wahlniederlage beschert wurde, die ihr eine tiefgreifende Selbstprüfung abverlangt, sondern dass sie sich anschließend auch in ein kolossales strategisches Dilemma manövriert hat. Wie immer die Entscheidung für oder gegen eine große Koalition ausfällt: Aus Sicht eines großen Teils ihrer Mitglieder und Sympathisanten dürfte die Entscheidung falsch sein.

Ich selbst hoffe auf die praktische Vernunft meiner Partei, und die weist – unter der Voraussetzung akzeptabler Bedingungen und eines ehrgeizigeren Gestaltungsanspruchs als in der letzten Legislaturperiode – meines Erachtens auf eine große Koalition. Von der notwendigen Rundumerneuerung der SPD entlastet dies, wie gesagt, nicht.

II
Vom Verteilungskonflikt zum Wertekonflikt

Die SPD scheiterte sowohl am eigenen Tunnelblick auf die Gesellschaft als auch an einem kritischen Leistungsvergleich der Wähler, die sich mit ihren Kernanliegen woanders besser aufgehoben sahen. In ihrer Selbstprogrammierung ganz auf soziale Gerechtigkeit fixiert, versäumte sie eine Akzentverschiebung: vom Ringen um sozialen Ausgleich und Gleichstellung hin zu einem kulturellen Konflikt um Werte wie Zugehörigkeit, Heimat und Sicherheit. Die SPD zielte an den Erwartungen einer breiten Wählerschaft vorbei, dass die Politik in Zeiten der Globalisierung und Digitalisierung und angesichts nicht abreißender Migrationsströme in erster Linie für Kontrolle und Sicherheit zu sorgen habe.

Dieser Erwartung haben offensichtlich auch CDU/CSU nicht entsprochen, wie ihr Absturz zeigt. Aber die Union fiel von einem sehr viel höheren Niveau als die SPD und verfügt immer noch über eine Wählerbasis, die sie bundesweit über 30 Prozent hebelt. Der SPD ist demgegenüber durch Auflösungstendenzen in dem lange festgefügten Milieu der (proletarischen) Industriearbeiterschaft und der «kleinen Angestellten» ein großer Teil ihrer Stammwählerschaft weggeschmolzen. Gleichzeitig hat sich der Wettbewerb um jene neuen Wählermilieus verschärft, die sich im Zuge des gesellschaftlichen Wandels herauskristallisiert haben. Hinzu kommt als weiteres Problem, dass Teile der verbliebenen «klassischen» Wählerschaft der SPD in der unteren Mittelschicht und Arbeiterklasse keineswegs den kosmopolitischen und universalistischen Vorstellungen linksliberaler Meinungsführer aus den besseren Stadtteilen anhängen. Sie unterscheiden sich von diesen «mental wie auch kulturell-habituell» (Elmar Wiesendahl); weil sie den Geltungsverlust spüren, sich in ihrer wirtschaftlichen Existenz bedroht sehen und sich vor kultureller Überfremdung fürchten, sind sie zugänglich für regressive, autoritäre und nationale Vorstellungen.

Etwas ähnliches war zum ersten Mal an den Wanderungsbewegungen bei den Hamburgischen Bürgerschaftswahlen 2001 abzulesen, wo es viele Wähler in traditionellen Hochburgen der SPD zur damaligen Schill-Partei gezogen hatte. Bei der Bundestagswahl 2017 haben laut Analysen nahezu genauso viele Arbeiter die AfD gewählt wie die SPD. Aber der Trend geht über die traditionellen Klassenschranken hinweg, er ist nicht nur unabhängig von der sozialen Stellung, sondern auch von der materiellen Lage. Alles deutet darauf hin, dass sich hierin weniger ein Verteilungskonflikt im wirtschaftlichen Sinn als vielmehr ein Konflikt über die nationale und kulturelle Verfasstheit des Landes ausdrückt. Dieser Wertekonflikt scheint mehr oder weniger vertikal durch alle Etagen unseres gesellschaftlichen Gebäudes zu verlaufen und entzieht sich deshalb einer herkömmlichen Klassenanalyse.

Die Klassengegensätze und Verteilungsprobleme haben sich allerdings nicht verflüchtigt. Der finanziell und digital getriebene Kapitalismus begünstigt Entwicklungen, die zu einer stark segmentierten Gesellschaft von Gewinnern und Verlierern führen. Die neue Konfliktlinie verläuft jedoch anders: zwischen denen, die für eine offene Gesellschaft eintreten, einem freien

Lebensstil folgen, kosmopolitisch eingestellt, kulturell aufgeschlossen und technologieaffin sind, und denen, die einen
Rückzug auf den Radius des Nationalen bevorzugen, in der disruptiven Kraft neuer Technologien ihren ökonomischen Status
in Frage gestellt sehen und sich durch jede Form von Inklusion
bedroht fühlen. Der Rückzug auf Identität, Heimat, deutsche
Interessen und Ordnung versteht sich als Reaktion auf eine Moderne, die auf Selbstentfaltung, Kosmopolitismus und Pluralis-
mus gerichtet ist und deren Vielfalt Vertrautes zu entwerten
droht.

Wie nennt man einen solchen grundlegenden mentalen Um-
schwung? Der Begriff «Kulturkampf» ist durch Bismarcks Vorgehen gegen die katholische Kirche, die er aus allen staatlichen
Institutionen hinausdrängte, historisch vorbelastet. In ihm
schwingt überdies ein «kulturimperalistisches» Sendungsbe-
wusstsein mit. Auch der Titel des Buches von Samuel P. Hun-
tington *Kampf der Kulturen*, das Mitte der neunziger Jahre zu
einer Kontroverse führte, ist nicht unumstritten (der englische
Titel *The Clash of Civilizations* gibt die Thesen des Buches meines Erachtens viel besser wieder). Allerdings sehen einige Zeit-
genossen – weniger in Deutschland als in anderen Staaten der
Europäischen Union – längst einen «Kulturkampf» toben, bei
dem es um die politisch-kulturelle Hegemonie geht. In der
französischen Literatur werden Szenarien entworfen, die sich
bis zu einem Bürgerkrieg steigern – davon wird noch die Rede
sein.

Vor diesem Hintergrund erscheint es ratsam, den martiali-
schen Begriff des «Kulturkampfes» zu meiden und von einem
Wertekonflikt zu reden. In Deutschland hat sich der Protest
über regelmäßige Demonstrationen und eine Bürgerbewegung
hinaus mit der AfD eine politische Organisation geschaffen, die

als drittgrößte Fraktion in den Bundestag eingezogen ist. Ehemalige Führungsfiguren sehen die Partei inzwischen neonazistisch unterwandert. Man darf sich jedoch durch die zunehmende Braunfärbung der AfD und die vulgäre Mischung aus völkischen und rassistischen Überzeugungen nicht täuschen lassen: Der Wertekonflikt ist weit über diese Partei hinaus in einem nennenswerten Teil der Bürgerschaft präsent. 60 Prozent der AfD-Wähler haben dieser Partei ja nicht ihre Stimme gegeben, weil sie inhaltlich oder programmatisch überzeugt waren, sondern aus Enttäuschung über die anderen.

Insbesondere über die beiden ehemaligen Schwergewichte im Parteienspektrum, CDU/CSU und SPD. Beide Parteien haben die Ursache dieses Wertekonflikts bisher offenbar nur unzureichend erfasst und in politische Schlussfolgerungen zu übertragen vermocht. Die rechte Gegenbewegung richtet sich ja nicht nur gegen die etablierte Parteienlandschaft, sondern ebenso gegen das liberale Bürgertum, seine Medien und intellektuellen Wortführer, die nicht frei sind von Anwandlungen kostenloser sittlicher Überlegenheit. Getragen wird die Bewegung von einer Wählerschaft, die ich den «zivilisierten» Teil der AfD nennen möchte. Die eine Million Wähler, die von der CDU/CSU zur AfD gewandert sind, und die halbe Million, die sich dort besser als zuvor bei der SPD aufgehoben fühlen, können ja wohl schlechterdings nicht einfach als rechtsradikal oder Neonazis abgetan werden. Darüber hinaus wird die AfD von vielen, die sie nicht gewählt haben, mit klammheimlicher Zustimmung begleitet.

Was die Ursachen dieser Gegenbewegung und damit die Entstehungsgeschichte des Wertekonflikts betrifft, spielen zunächst der Machtverlust des Nationalstaates in Zeiten der Globalisierung und der entsprechende Bedeutungszuwachs supranationaler Institutionen eine Rolle. Bereits die Finanz- und Bankenkrise, die 2008 eskalierte und die Welt an den Rand des Abgrunds führte, warf die Machtfrage auf: Lag und liegt das Primat bei demokratisch legitimierten Institutionen oder bei weltweit operierenden Finanzinstituten, die sich nationalen Regeln entziehen, aber ganze Staaten und deren Steuerzahler in eine Mithaftung für ihr Missmanagement und ihre Risikoignoranz nehmen? Weil sie zu groß sind, um fallengelassen werden zu können, kippen sie mal so nebenbei das konstitutiv wichtige Element der kapitalistischen Marktwirtschaft über Bord, dass nämlich Haftung und Risiko zwingend zusammenfallen müssen.

Zweifellos ist seit der Finanzkrise einiges an Vorsorge getroffen worden, um einen Wiederholungsfall zu vermeiden. Aber ich bin davon nicht soweit geblendet, dass ich nicht andauernde und auch neue Risiken sehe. Inzwischen ist durch Internetunternehmen, insbesondere die US-Korporative von Google, Apple, Facebook, Microsoft und Co., die Machtfrage noch drängender geworden. Die Macht dieser Unternehmen erstreckt sich auf die Verfügungsgewalt über eine gigantische Menge von Daten, die ihnen in einer grotesk anmutenden Naivität freiwillig ausgehändigt werden und ihnen das Potenzial verschaffen, nicht nur Individuen, sondern ganze Gemeinwesen zu manipulieren. Darüber hinaus verfügen sie über eine Kapitalkraft, die spielend die jährliche Wirtschaftskraft von mittelgroßen EU-Mitgliedsstaaten übertrifft. Dies versetzt sie wiederum in den Stand, die digitale Revolution in neue Sphären voranzutreiben (Stichwort Entwicklung künstlicher Intelligenz). Dabei folgen sie einem Menschenbild, das nicht frei von Zynismus ist.

So sind nach dem Selbstverständnis der Internetgiganten

Steuerverpflichtungen ebenso zu umgehen wie institutionell gesetzte Auflagen und Regeln, die sie als unzulässige Eingriffe der Politik qualifizieren. Apple setzt Juristen ein, die sich bei Staaten erkundigen, ob man sich dort garantiert steuerfrei, intransparent und ohne staatliche «Belästigungen» niederlassen kann. Man betrachtet Staaten als Supermärkte und vergleicht die Billigangebote. Umgekehrt ködern Staaten multinationale Unternehmen mit Rabatten und Sonderangeboten.

Die fortschreitende Digitalisierung durch Technologiegiganten wird massive Auswirkungen auf die öffentliche Meinungsbildung, auf politische Entscheidungsprozesse, das Konsumverhalten und insbesondere auf die Erwerbsarbeit und damit die Finanzierung der Sozialsysteme haben. Es wird Gewinner und Verlierer geben. Die zentrale Frage lautet: In welchem Verhältnis? Welche Spaltungs- und Radikalisierungsgefahren drohen bei einem Missverhältnis zulasten der Verlierer? Wir stehen bereits in einer tiefen Zäsur der gesellschaftlichen Entwicklung. Die Vorstellung einer Technokratie, die über die Souveränität von Nationalstaaten hinweggeht, muss keineswegs das Hirngespinst von Science-Fiction-Autoren sein.

Mag sein, dass diese gesellschaftliche Bedrohung durch Fremdbestimmung noch nicht Eingang in das allgemeine Bewusstsein gefunden hat. Aber die Ahnung wächst, dass der Nationalstaat mit seiner Kompetenz der Normensetzung hinterherhinkt und irgendwann gegenüber dem digitalen und Finanzkapitalismus ins Leere läuft.

Nun ist paradoxerweise jene Institution, die eine Antwort auf den Machtverlust des Nationalstaates geben und ein Gegengewicht zum entgrenzten Kapitalismus sein könnte und müsste, ebenfalls in Verruf geraten: die EU. Die europaskeptischen oder sogar antieuropäischen Tendenzen speisen sich aus der zunehmenden Verlagerung nationaler Zuständigkeiten auf europäische Institutionen – vornehmlich die EU-Kommission, die in der Tat als exekutives und zugleich legislatives Organ im Widerspruch zur europäischen Verfassungstradition steht. Damit nicht genug: Wie ist es um die demokratische Legitimation von EU-Gremien bestellt?

Die Unfähigkeit oder mangelnde Willenskraft der EU, sich auf die wesentlichen, im grenzüberschreitenden Interesse liegenden Aufgaben zu konzentrieren und alles andere den Mitgliedsstaaten zu überlassen, was diese unmittelbarer und besser selbst regeln können, trug erheblich zur Aversion gegen die EU bei. Das viel beschworene Subsidiaritätsprinzip ging auf in Schall und Rauch. Ankündigungen der amtierenden Kommission, Zuständigkeiten zurückzuverlagern, blieben bisher weitestgehend folgenlos.

Das Ausmaß, in dem die EU in die Lebens- und Arbeitsverhältnisse der europäischen Bürger eingreift – inzwischen dürfte sie wahrscheinlich weit mehr als die Hälfte des normativen Rahmens in den Mitgliedsstaaten abstecken –, steht für manche in einem krassen Missverhältnis zu ihrer eigentlichen Aufgabe, Europa als Ganzes voranzubringen und zu schützen. Die Themenliste ist lang: Sicherung der Außengrenzen angesichts der Migrationsströme, eine gemeinsame Praxis der Flüchtlingsaufnahme und -verteilung, die schrittweise Realisierung eines sozialen Europas, die Bekämpfung von Gewinnverlagerung und Steuerdumping großer Konzerne oder die Bekämpfung der skandalös hohen Jugendarbeitslosigkeit in manchen Mitgliedsstaaten.

Die Quittung, die den Behörden in Brüssel ausgestellt wird, ist bitter, weil die EU in den meisten Fällen gute Arbeit leistet und häufig zum Sündenbock für das Versagen und den Egoismus der Mitgliedsstaaten gemacht wird. Die Folgen dieser Geringschätzung sind fatal, weil keines der zentralen Probleme unserer Zeit im nationalstaatlichen Radius auch nur annähernd zu bewältigen ist, sondern nur in und mit Europa: von der Außen- und Sicherheitspolitik über den Klimawandel, die Eindämmung von Migrationsursachen in Afrika und die Bekämpfung des Terrorismus bis hin zur Sicherstellung der Wohlstandsbasis. Die politische Antwort auf den globalisierten Kapitalismus kann nur darin liegen, dass sich die Nationalstaaten in supranationalen Organisationen zusammenfinden und gemeinsam Spielregeln setzen. Deshalb ist der Ruf zum Rückzug in die heimische Wagenburg nicht nur ein ideologischer Rückfall in das gefährliche Konkurrenzmuster der Nationalstaaten des 19. und 20. Jahrhunderts, sondern auch untauglich im Sinne einer sicheren Zukunft. Es gäbe weniger Schutz!

Massiven Auftrieb erhielt die Gegenbewegung zuletzt im Zuge des Flüchtlingsstroms im Herbst 2015. Die Abwehr von allem, was als fremdartig und störend empfunden wurde, ging einher mit einem Vertrauensverlust in die staatliche Handlungsfähigkeit. In den Augen vieler Bürger schien der Staat nicht mehr in der Lage zu sein, für ordentliche Verhältnisse zu sorgen und vor Übergriffen zu schützen; Ausschreitungen wie die in der Kölner Silvesternacht wurden zum Fanal. In den von Politik und Medien angestimmten Hymnen zur Willkommenskultur fand sich ein Teil der Bürger nicht wieder, ja falsch abgestempelt, und ging in den Verteidigungsmodus. Es gelang bisher nicht, Brücken zu bauen zwischen einer moralisch aufgeladenen Willkommenskultur, die bereits die Frage nach den praktischen und sozialpsychologischen Grenzen der Aufnahmefähigkeit als Ausdruck von Fremdenfeindlichkeit empfindet, und einer neurotisch übersteigerten Ab- und Ausgrenzungshaltung, die sich bedroht fühlt – weniger in ihrer materiellen Existenz als vielmehr in ihrem Selbstwertgefühl – und sich jeder Solidarität mit Verfolgten entzieht.

Ein letzter, eher abstrakter Grund für die Entstehung einer Gegenbewegung dürfte schließlich darin liegen, dass in unübersichtlichen und deshalb unsicheren Verhältnissen mit komplizierten politischen Verhandlungs- und Entscheidungsprozessen, die in stark ausdifferenzierten Gesellschaften immer auf einen Kompromiss hinauslaufen müssen, die Sehnsucht nach gesellschaftlicher Homogenität und Eindeutigkeit wächst. Der Gestus «Schluss mit dem Gerede!» darf sogar autokratische Züge annehmen (Putin hat auch in Deutschland eine Fangemeinde), wenn nur für klare Verhältnisse gesorgt wird. Herfried Münkler spricht von einer Rebellion der sich selbst feiernden Unterkomplexität gegen die wachsende Komplexität der Strukturen. Das ist der Nährboden für Populisten.

Damit mir diese Passage nicht als Dünkel ausgelegt wird, will ich mit Blick auf jenen Teil des meist wohlsituierten Bürgertums, das nicht nur hinsichtlich der Aufnahme von Flüchtlingen in einer moralischen Selbstüberhöhung badet, einen weiteren Satz von Herfried Münkler hinzufügen: «Moral ist ... die Inkompetenzkompensationskompetenz in einer Gesellschaft, die gerne mitreden will, in der sich aber zunehmend weniger die Mühe machen, mit Sachverstand und Urteilskraft mitreden zu können.»

Tatsächlich spielt in den politischen und öffentlichen Debatten zunehmend eine «richtige» Gesinnung – auch zur einfacheren Kategorisierung der jeweiligen Protagonisten – eine wesentliche Rolle. Wer an die Verantwortung appelliert und die Konsequenzen eines bestimmten Tuns oder auch Unterlassens zu bedenken gibt, wird nicht selten in die Ecke des kalten oder sogar zynischen Pragmatismus gedrängt. Der Primat der Gesinnung hat zum Einzug eines moralischen Überschusses in der Politik geführt und die Debattenkultur nachhaltig verändert. Moralische Sensibilität ist aber keine Garantie für eine überlegene Erkenntnisfähigkeit. Und die sprachliche «Hypersensibilität» – meist Political Correctness genannt – vornehmlich auf der linken Seite weckt geradezu das Verlangen, sich gelegentlich freizuhusten, wie ich nicht zuletzt an mir selbst bei der samstäglichen Lektüre so genannter Edelfedern feststellen kann.

Weil uns die Politik der etablierten Parteien, die sogenannte Expertokratie und die Medienvertreter – so tönt es aus den Lautsprechern der Populisten – die Haltegriffe früherer Gewissheiten und Identitäten abgeschraubt haben und in einem folgenlosen «sowohl als auch» verharren, müssen sie abserviert werden. Dann wird alles gut und sicher. Die Erlösung kommt allein durch Inkompetenz, sagt Peter Sloterdijk, die Befreiung liegt in der Unerfahrenheit, und nur wer etwas noch nie getan hat, kann es richtig machen. Als sei Ahnungslosigkeit ein besonderes Qualitätsmerkmal, weil sie nicht unter dem Verdacht steht, vorbelastet zu sein. So erklärt sich, jedenfalls teilweise, sowohl der Aufstieg der Piratenpartei, die sich in dem Chaos ihrer Liquid Democracy selbst ertränkte, als auch jener der AfD, die es nun im Bundestag in ihrer programmatischen Banalität und ihren von Ressentiments geschwängerten Positionen zu entzaubern gilt. Dessen unbenommen bleiben die beschriebenen Empfindungen nennenswerter Bevölkerungsteile ein Faktum. Der Anti-Eliten- und Anti-Parteien-Reflex spiegelt sich ja nicht nur im Ergebnis der AfD, sondern auch im Reservoir von 25 Prozent Nichtwählern wider.

Was die SPD in dieser Lage betrifft, fällt auf, dass ausgerechnet sie, die sich mit dialektischen Entwicklungsprozessen dank ihres theoretischen Rüstzeugs am besten auskennen sollte, dieses offenbar verlegt hat. Einerseits befürchten nennenswerte Teile der Bürgerschaft im sozialen und wirtschaftlichen Wandel einen Geltungsverlust – durch die wirtschaftliche Konkurrenz aus anderen Ländern, Zuwanderung oder neue Technologien, die ihre beruflichen Qualifikationen vernichten. Andererseits übersteigen die Beschwörung eines Weltbürgertums («Eine-Welt-Politik») und universalistische Schwärmereien den Horizont nicht weniger und wecken den Ruf nach Heimat, zumal wenn diese – Verklärung hin oder her – immer unkenntlicher erscheint. Die Forcierung der Globalisierung mit einem harschen Konkurrenzdruck, der Arbeitsplätze bedroht, provoziert eine protektionistische Abschottung. Der Ruf nach Vertiefung der europäischen Integration und ihrer Erweiterung um (Klein-) Staaten auf niedrigstem Entwicklungsniveau befördert anti-europäische Tendenzen und eine nationale Rückbesinnung. Dabei steht zunächst eine Renovierung der EU an, und Wiederholungsfehler in der Erweiterungspolitik sollten tunlichst vermieden werden, wenn uns zukünftige Referenden in den Mitgliedsstaaten nicht erneut zurückwerfen sollen.

In der hunderttausendfachen Aufnahme von Flüchtlingen und Zuwanderern sehen manche keineswegs einen Gewinn für Deutschland, wie es im Zeichen der Willkommenskultur mit Hinweis auf die demografische Entwicklung dargelegt wurde. Sie verbinden mit Multikulti auch keine kulturelle Bereicherung. Vielmehr verlangen sie eine Antwort darauf, wieviel kulturelle und ethnische Diversität Deutschland denn verträgt, ohne dass es zu einer Verschiebung im gesellschaftlichen Gefüge kommt und im Streit auf virtuellen Barrikaden das soziale Kapital unserer Gesellschaft verfeuert wird. Sie fragen konkret und über die Autosuggestion «Wir schaffen das!» hinaus, wie die Integration so vieler Menschen hinsichtlich Sprachausbildung, Qualifizierung, notwendigem Wohnraum und Jobs ohne Verdrängungseffekt zu Lasten der einheimischen Bevölkerung klappen soll. In einer hässlichen Variante entwickelt sich aus der Nichtbeantwortung dieser Fragen ein bis zur Gewaltbereitschaft eskalierender Rassismus.

Fremdenfeindlichkeit und Rassismus sind bis zur strafrechtlichen Verfolgung zu bekämpfen, das steht außerhalb jeden Zweifels – und wenn und wo dies fahrlässig oder nachlässig nicht erfolgt, muss nachgehakt werden. Aber das Bedürfnis nach vertrauter und intakter Nachbarschaft, nach Traditionen, kultureller und nationaler Identität geringzuschätzen – Sloterdijk spricht von dem Wunsch, an einer «gewissen Selbstähnlichkeit festzuhalten» – und die Debatte darüber als hinterwäldlerisch abzustempeln, ist nicht gerechtfertigt. Und für den Zusammenhalt der Gesellschaft ist es auch nicht förderlich, Bürger, die sich dazu bekennen, moralisch oder politisch in eine untere Schublade zu verfrachten. Geradezu neurotisch erscheinen mir Leute, die hinter jedem Gartenzwerg mit einem Deutschland-Fähnchen in der Hand bereits das «Vierte Reich» wittern, wie Stefan Berg im *Spiegel* schrieb.

Von einer durchweg erfolgreichen Integration von Bürgern aus Ländern mit einem völlig anderen religiösen und kulturellen Hintergrund in Deutschland kann keine Rede sein – zu vielfältig sind die subjektiven Erfahrungen und objektiven Feststellungen von Problemen und Fehlentwicklungen. Ja, es gibt zahlreiche Beispiele gelungener Integration und viele Beiträge zur zivilen und wirtschaftlichen Entwicklung durch Zuwanderer. Aber die andere Seite der Medaille verträgt keine Beschönigungen und Tabuisierungen, wenn daraus nicht die Gefahr einer eruptiven Reaktion erwachsen soll. «Integration als große gesellschaftliche Anstrengung ist als misslungen zu betrachten, wenn die Bevölkerung hinterher tiefer gespalten ist denn je», schreibt der frühere Münchener Oberbürgermeister Christian Ude.

Das subjektive Sicherheitsgefühl der Bürger nimmt ab. An erster Stelle steht die Einbruchs- und Diebstahlskriminalität, die überproportional auf nichtdeutsche Gruppen zurückzuführen ist. Eine stark ethnisch geprägte organisierte Kriminalität in Clanstrukturen betrachtet die deutsche Gesellschaft vorwiegend als «Beutegesellschaft» und erhebt in deutschen Großstädten unverhohlen Gebietsansprüche. Es finden sich Beispiele einer ethnischen Homogenisierung von Straßenzügen und Stadtvierteln in Deutschland, verbunden mit der Verdrängung der einheimischen Bevölkerung. Der hohe Anteil von Schülern mit Migrationshintergrund in manchen Schulen wird von Eltern (teils sogar mit eigenem Migrationshintergrund) und Lehrern für eine außerordentliche Belastung gehalten. Sozialmissbrauch durch Zuwanderer findet statt (selbstredend auch durch Deutsche).

Der Unwilligkeit oder Unfähigkeit vieler Einheimischer, Zuwanderern die Hand für eine Integration zu öffnen, steht die Unwilligkeit oder Unfähigkeit vieler Migranten gegenüber, sich integrieren zu lassen. Sie kapseln sich vielmehr in ihrer jeweiligen Parallelgesellschaft ab. Dort spielt das Grundgesetz insbesondere mit seinen Grundrechtsartikeln einschließlich der Gleichstellung der Frau keine Rolle. Das Phänomen einer islamischen Paralleljustiz, die dem Justizmonopol unseres Staates widerspricht, entspringt nicht der Phantasie einzelner Autoren. Die allenfalls gequälte und laue Distanzierung muslimischer Verbände von den Anschlägen des islamistischen Terrors ist mehr als irritierend, sie ist inakzeptabel. Die Frage, ob der Islamismus eine ideologisch-totalitäre Weltanschauung ist und der Import von Imamen aus der Türkei und Saudi-Arabien der Integration und dem wechselseitigen Verständnis dienlich ist, muss gestellt werden dürfen, ohne dass man von einer Empörungswelle erschlagen wird. Und schließlich wäre zu fragen, ob die Verbreitung eines türkischen Neonationalismus und die Heroisierung eines Autokraten wie Erdoğan in Deutschland ohne weiteres geduldet werden können.

Linke Politik verschließt aber die Augen nicht nur vor Integrationsproblemen, sie scheut auch davor zurück, reaktionäre, frauenfeindliche und antiliberale Elemente des Islam klar beim Namen zu nennen, weil sie das dem Verdacht aussetzen könnte, islamophob oder rassistisch zu sein. Man argumentiert lieber, dass die Burka auch ein Zeichen der Freiheit sein kann. Wo bleibt da der Anspruch, den Zustand der Republik glaubwürdig zu beschreiben und daraus einen Gestaltungsanspruch abzuleiten? Ferdinand Lassalle gerät offenbar in Vergessenheit, der sagte: «Alle große politische Aktion besteht im Aussprechen dessen, was ist, und beginnt damit. Alle politische Kleingeisterei besteht in dem Verschweigen und Bemänteln dessen, was ist.»

Ähnlich realitätsfern verhält sich eine abgehobene Elite von wohlsituierten Bürgern, Publizisten, Politikern und selbsterwählten Tugendwächtern, die sich anmaßen, korrektes Sprechen und Verhalten zu definieren (was an US-Universitäten teils zu grotesken Verrenkungen führt), und dabei einem erschreckenden Kulturrelativismus Tür und Tor öffnen. Offenbar liegt dem das aberwitzige Verständnis zugrunde, durch Preisgabe kultureller Identität dem Vorwurf der Diskriminierung zu entgehen.

Man übt sich zum Beispiel in Toleranz, indem man ältere Kinderbücher auf eine korrekte Sprache hin durchforstet. Pippi

Langstrumpfs Vater wird dann vom Negerkönig zum Südseekönig gemacht. Was ist denn mit Jim Knopf? Das geht weiter mit der Umbenennung von St.-Martins-Zügen in «Laternenumzug mit Dudel-Lumpi», um muslimische Eltern mit Kindern in deutschen Kindergärten nicht zu düpieren. In den Niederlanden streitet man erbittert um den Einzug des Nikolaus, der einen schwarz geschminkten Helfer hat, den «Zwarte Piet». Man macht nicht einmal Halt vor der «Mohrenkopftorte», die zur Vermeidung jedes Anstoßes nun «Othellotorte» heißt. Ganz zu schweigen vom «Negerkuss», der die fürwahr köstliche Bezeichnung «maximal pigmentierte Schaumwaffel» erfahren hat, worüber sich unsere tatsächlich schwarzen Freunde den Bauch vor Lachen nicht mehr halten können – die Deutschen haben tatsächlich einen an der Waffel.

Man fragt sich, wer diesen Unsinn eigentlich als Ausweis eines antirassistischen Dekors und moralischer Superiorität initiiert hat und warum sich nennenswerte Teile eines links-grünen Milieus dem teilweise vorauseilend ergeben. Jede Übertreibung schafft sich eine Antithese! Es sei höchste Zeit für eine Neudefinition der westlichen Kultur, schreibt der belgische Autor David Engels, wenn sich die Spaltung zwischen traditionsvergessenem Weltbürgertum und intoleranten Traditionalisten nicht weiter verschärfen soll.

Forcierte Globalisierung, gehypter Multikulturalismus, massive Zuwanderung und abnehmende nationalstaatliche Gestaltungsmacht haben zu einem vehementen Rückschlag des Pendels geführt. Die SPD hat diese Dialektik unterschätzt und dann die falschen Schlüsse daraus gezogen. Für Menschen, die noch im etablierten Parteienspektrum nach Anknüpfungen und Antworten suchen, die also nicht bereits in das außerparlamentarische und chauvinistische Lager abgedriftet sind, lauten die Schlüsselbegriffe eben nicht Gerechtigkeit oder Solidarität. Sie heißen vielmehr staatliche Handlungsfähigkeit, Sicherheit und Ordnung – und das darf in den Augen mancher sogar zu Lasten der Freiheit gehen.

Es ist ein massiver und deshalb sträflicher Irrtum zu glauben, dass das Bedürfnis nach Sicherheit und Ordnung nur in rechtskonservativen, populistisch verblendeten und radikal gesinnten Kreisen eine Rolle spielt. Die Erwartung, dass der Staat seine Schutzfunktionen erfüllt, für die Einhaltung von Gesetzen und Normen sorgt, dementsprechend sein Gewalt- und Justizmonopol durchsetzt und seine Organe und Einrichtungen von der Polizei über Gerichte bis zu Schulen entsprechend ausstattet und den Mitarbeitern den notwendigen Respekt verschafft, entzieht sich einer simplen Schwarz-weiß- oder Rechts-links-Zuordnung.

Wenn der Vorsitzende des Deutschen Richterbundes Jens Gnisa darauf hinweist, dass sage und schreibe 150 000 Haftbefehle gegen Kriminelle, die eigentlich einsitzen müssten, derzeit nicht vollstreckt sind, dann wirft das ein Schlaglicht auf staatliche Vollzugsdefizite. Statt zuzulassen, dass rechtspopulistische Kräfte sich darin sonnen, sollten die demokratischen Parteien mit Vorschlägen zur zügigen Durchsetzung gerichtlicher Entscheidungen das Dilemma beseitigen. Ähnliche Vollzugsdefizite mahnt Gnisa auch im Ausländerrecht an, wo das geltende Recht oft durch Moral überlagert wird.

Nun werden die Schlüsselbegriffe Sicherheit und Ordnung und die damit verbundenen Kompetenzzuweisungen weniger mit der SPD – oder generell Mitte-Links-Parteien – als vielmehr mit bürgerlich-rechten Parteien und klaren Rechtsauslegern in Verbindung gebracht. Je mehr die SPD sich diese Begriffe zu eigen zu machen und politisch umzusetzen versucht, desto mehr verliert sie auf der anderen Seite ihre potenzielle Wählerschaft, die sich als tolerant, weltoffen und aufklärerisch definiert.

Im Übrigen ist sie leicht auszukontern, wenn sie in einer hochschlagenden Welle der öffentlichen Debatte zur öffentlichen Sicherheit abgewogene Vorschläge macht. Denn von der politischen Konkurrenz wird ihr jedes Mal lächelnd entgegengehalten, was sie in der Zeit ihrer Mitregierung alles – nicht minder abgewogen – abgelehnt oder behindert hat: von Mindestspeicherfristen über die härtere Bestrafung von Angriffen auf Polizisten, die Verschärfung der Strafbarkeit von Wohnungseinbrüchen, eine längere Abschiebehaft von Gefährdern bis hin zur Verschärfung des Ausweisungsrechtes.

Zum anderen kann die SPD nicht ungestraft von ihrer Tradition und ihren Überzeugungen abrücken, die Prinzipien der Solidarität und des Humanismus an der Garderobe abgeben und die Verfolgten und Verarmten ihrem Schicksal überlassen. Massive parteiinterne Konflikte wären die Folge. Auch und gerade auf dieses Dilemma muss die SPD eine schlüssige Antwort finden und sich glaubwürdig nach beiden Seiten aufstellen, wenn sie nicht weitere Wahlen verlieren will.

Galt vor zwei Jahrzehnten noch der Ausspruch von Bill Clinton «It's the Economy, stupid!» als Wegweisung, dass Wahlen über ökonomische Kompetenz entschieden werden, dürfte das als Erfolgsformel allein nicht mehr reichen. Es scheint, dass sich Parteien heute in erster Linie über Werte profilieren: Welches Bild hat die Partei von der Gesellschaft, und wie stellt sie sich das Zusammenleben in Zukunft vor? Im Wahlkampf 2017 jedenfalls hatte die SPD zu kurze Antennen für diejenigen, die aus Enttäuschung, weil sie sich mit ihren Wertvorstellungen nicht ernst genommen und respektiert fühlten, von ihr abwandten und teilweise ihr Kreuz bei der AfD machten.

Über die gesellschaftlichen Bruchlinien des fortbestehenden Verteilungskonfliktes und des neuen Wertekonfliktes hinweg gilt verschärfend, dass sich die Sprengkraft der hier angesprochenen Themen erhöht, wenn sich die wirtschaftliche Lage des Landes verschlechtern sollte. Bei einer deutlich höheren Arbeitslosigkeit, einem Einbrechen der öffentlichen Haushalte und einer extremen Strapazierung der Sozialsysteme würde die derzeit verbreitete Sorglosigkeit neuer Nervosität weichen. Entsprechende Auslöser und die daran sich anschließenden Wirkungsketten sind durchaus vorstellbar.

Bevor ich im zweiten Teil dieses Kapitels auf die jüngere Entwicklung bei unseren französischen Nachbarn eingehe, möchte ich zunächst kurz auf eine Auseinandersetzung im Wahljahr 2017 zu sprechen kommen, deren politischer Stellenwert vielleicht nicht erstrangig ist, die ich aber für symptomatisch halte. Ich meine das Fernduell zwischen Alexander Gauland, dem Brandstifter in der Maske des Biedermanns, und Aydan Özoğuz, der damaligen Integrationsbeauftragten der Bundesregierung. Dabei geht es mir nicht um die beiden Personen – Frau Özoğuz scheint in eine Rolle gedrängt worden zu sein, in der sie sich selbst gewiss nicht gesehen hat. Mich beschäftigt vielmehr die in Teilen der SPD vorherrschende Denkweise über gesellschaftliche und kulturelle Probleme der Integration, die ich für gefährlich halte, weil das Feld damit anderen Kräften überlassen wird.

Mitte Mai 2017 hatte Aydan Özoğuz einen Gastbeitrag für den Berliner *Tagesspiegel* geschrieben. Darin findet sich der Satz: «Eine spezifische deutsche Kultur ist jenseits der Sprache schlicht nicht identifizierbar.» Frei nach der wunderbaren Karikatur von F. K. Waechter «Wahrscheinlich guckt wieder kein

Schwein» verlief sich die Kolumne samt Zitat im täglichen Rauschen der Nachrichtenflut. Bis dreieinhalb Monate später Alexander Gauland in einer Wahlkampfveranstaltung diesen Satz aufgriff und seine Fratze als Rassist entblößte: «Das sagt eine Deutsch-Türkin. Ladet sie mal ins Eichsfeld ein und sagt ihr dann, was spezifisch deutsche Kultur ist. Danach kommt sie hier nie wieder her, und wir werden sie dann, Gott sei Dank, in Anatolien entsorgen können.» Soviel zum Menschenbild und zum Verständnis von Menschenwürde des Herrn Gauland und seiner Parteifreunde, die darüber jubelten, in ihren Gremien daran jedenfalls nichts auszusetzen fanden.

Gauland weckte mit dieser Provokation bedenkenlos Assoziationen mit der Rassenideologie der Nationalsozialisten. Er immunisierte aber auch den Beitrag von Aydan Özoğuz gegen jede Kritik, denn wer will sich schon mit Herrn Gauland Seite an Seite finden. Dabei darf man die Äußerung von Frau Özoğuz in höflichem Ton durchaus fragwürdig nennen. Rustikaler gesprochen, halte ich sie inhaltlich für Unsinn und politisch – erst recht in einem anlaufenden Bundestagswahlkampf – für ausgesprochen unklug.

Für die allermeisten Deutschen – mich eingeschlossen – und für nicht wenige Bewunderer im Ausland gibt es durchaus eine deutsche Kultur jenseits der Sprache. Nicht im Sinne einer Überlegenheit oder Einzigartigkeit gegenüber anderen Kulturkreisen. Die Zeiten, in denen der deutschen Kultur universelle, weltbeglückende Bedeutung beigemessen wurde, sind – dem Himmel sei Dank – vorbei. Aber die Reformation, der deutsche Beitrag zur Aufklärung, unsere Literatur, auch und gerade die Exilliteratur, die deutsche Romantik, Musik und Malerei, die Philosophie, das Theater der zwanziger Jahre, das Bauhaus, aber auch viele regionale Gebräuche und Traditionen bis hin zu den

Weihnachtsmärkten, die auf mittelalterliche Verkaufsmessen wie den Münchner Nikolausmarkt (1310) oder den Dresdner Striezelmarkt (1434) zurückgehen – dies sind beispielsweise spezifische Beiträge, die Deutschland und auch «Deutschsein» maßgeblich definieren und Identität stiften. Dazu gehören auch – ich will das betonen – ein verantwortlicher Umgang mit den zwölf Jahren Nationalsozialismus, die Anerkenntnis der Schuld an unvorstellbaren Verbrechen und daran anknüpfend unsere Erinnerungskultur.

Es ist zweifellos eine demokratische Selbstverständlichkeit, dass wir ständig aushandeln müssen, wie wir miteinander leben wollen, und dass sich darüber unser soziales und kulturelles Verständnis von Gesellschaft verändert – nicht zuletzt durch Einsprengsel von außen. Die Adaption des American Way of Life und der Einfluss der US-Popkultur sind unter vielen Beispielen sicher die folgenreichsten. Der Behauptung, dass es jenseits der deutschen Sprache keine spezifisch deutsche Kultur gäbe, darf jedenfalls mit Recht widersprochen werden. Es geht aber nicht nur um einen Irrtum in der Sache, über den man streiten mag. Der Satz hatte natürlich – erst recht in Wahlkampfzeiten – eine politische Wirkung: Er dürfte dem Empfinden von Millionen Wählern widersprochen haben.

In einem nachfolgenden Kapitel werde ich mir die Kritik am Begriff der Leitkultur zu eigen machen, den ich als ideologisch belastet ansehe, und versuchen, ihn durch «Zivilität» oder Alltagskultur zu ersetzen, um so vielleicht die Tür zu einer unaufgeregten Debatte zu öffnen. Als Integrationsbeauftragte der Bundesregierung schüttete Aydan Özoğuz aber das Kind mit dem Bade aus, als sie offensichtlich aus Verdruss über die zehn Thesen von Thomas de Maizière mit dem zitierten Satz einen Generalangriff auf die Leitkultur ritt und stattdessen lediglich die Grundrechtsartikel als Ordnungsrahmen für das Zusammenleben der Bürger akzeptieren wollte. Das reicht jedoch nicht, weil es immer auch um Umgangsformen und Verantwortlichkeiten geht, die nicht Gegenstand der geschriebenen Verfassung sind.

Als Integrationsbeauftragte und Regierungsmitglied der SPD hätte Aydan Özoğuz den Satz schon deshalb nicht schreiben dürfen, weil er zum Frohlocken des Herrn Gauland und seiner Kompanie Millionen Wählern aufs Gemüt schlug. Sie stellte damit die SPD in einem Augenblick vom Platz, als eine Debatte über Zivilität in unserer Gesellschaft hochnotwendig gewesen wäre. Und sie bediente – das war vielleicht schlimmer noch als alles andere – einen nach wie vor unterschwelligen, immer wieder vom politischen Gegner instrumentalisierten Verdacht, die SPD habe ein gestörtes Verhältnis zum eigenen Land. Schon Willy Brandt galt in den Augen vieler Konservativer als Vaterlandsverräter.

Im Übrigen entschärfte der Chefredakteur der *Süddeutschen Zeitung*, Kurt Kister, in einem lesenswerten Kommentar zu den Entgleisungen des Herrn Gauland die Auseinandersetzung über den Begriff der Leitkultur wohltuend. Man solle die Silbe «Leit» nicht so verstehen, dass sie eine Rangordnung oder gar eine Bewertung ausdrückt. Nicht «du musst» oder «du sollst», sondern «du bist» und «du könntest sein» sollte darunter verstanden werden.

Ein Zufall spielte mir mitten in der heißen Phase des Bundestagswahlkampfes im August zwei Bücher in die Hände, die sich frappierend ergänzten mit einem anderen Buch, das ich im Frühjahr 2016 gelesen hatte und später in einer fantastischen Inszenierung im Hamburger Schauspielhaus in einem Ein-Personen-Stück mit einem überragenden Edgar Selge sah. Alle drei Bücher stammen von Franzosen; zwei sind fiktiv, das dritte ist eine düstere Zustandsbeschreibung der Fünften Republik.

Bei den beiden Romanen handelt es sich um *Unterwerfung* von Michel Houellebecq und *Der Block* von Jérôme Leroy. Die Erkundungstour ins dunkle Herz Frankreichs unter dem Titel *Rückkehr nach Reims* schrieb der Soziologe Didier Eribon. Alle drei Bücher handeln vom Versagen der etablierten Parteien im gemäßigten Spektrum von links bis rechts und ihrer Entfremdung von der breiten Wählerschaft. Sie bieten Anschauungsmaterial für die Radikalisierung einer Gesellschaft, die tiefe demokratische und republikanische Wurzeln hat. Die beiden Romane entwerfen ein Szenario, in dem Frankreich in unterschiedlichen politischen Konstellationen in eine mehr oder minder «gelenkte Demokratie» mit der Einschränkung von Freiheitsrechten überführt, jedenfalls von politischen Kräften übernommen wird, die das gültige Verständnis einer offenen Gesellschaft definitiv nicht teilen. Didier Eribon berichtet vom Niedergang und der Spaltung einer Gesellschaft zwischen (links)liberalen großstädtischen Milieus und einer im Strukturwandel abgehängten und verwahrlosten Provinz, deren Bürger in die Arme des Front National flüchten. Alle drei beschreiben letztlich einen Kulturkampf.

Michel Houellebecq entwirft ein Szenario bürgerkriegsähnlicher Zustände mit ersten Toten zwischen sogenannten identitären Aktivisten beziehungsweise einer Bewegung «Ureinwohner Europas» auf der einen und den radikalen Kräften einer «Bruderschaft der Muslime» auf der anderen Seite. Zwischen beiden geraten die etablierten Parteien unter die Räder; sie schließen sich zu einer «Republikanischen Front» zusammen, die von einer sozialistischen Partei und der bürgerlich-konservativen Par-

tei UMP (inzwischen zu «Les Républicains» umfirmiert) dominiert wird, finden aber keinen anderen Ausweg, als die
Kandidatur eines gemäßigten Muslims zum französischen
Staatspräsidenten zu unterstützen. Unter diesem Präsidenten
findet dann eine schleichende Islamisierung insbesondere im
Bildungs- und Hochschulwesen statt, dem Schlüsselbereich der
gesellschaftlichen Einflussnahme; perspektivisch droht eine europäische Achsenverschiebung in den Mittelmeerraum durch
die Erweiterung der EU um nordafrikanische Länder.

In Jérôme Leroys Buch tobt in den Vorstädten ein Bürgerkrieg, der bereits über 750 Todesopfer gefordert hat. Die Sicher-
heitskräfte gehen drakonisch vor mit der Folge, dass die Gewalt
weiter eskaliert. Eine nicht näher beschriebene bürgerliche Regierung wendet sich hilfesuchend an einen «Bloc Populaire»,
der erkennbar dem Front National nachgezeichnet ist, um mit
dessen Unterstützung die öffentliche Ordnung wiederherzustel-
len, und bietet ihm eine Regierungskoalition zur Verabschiedung entsprechender Gesetze an. Die Verhandlungsführerin des
«Bloc Populaire» und deren Vater – eine soldatische Figur, die
rechte und faschistoide Splittergruppen zu einer stetig an Zustimmung gewinnenden Rechtsaußenpartei vereint und ihr
überdies einen «Ordnungsdienst» geschaffen hat, der an die SA
erinnert – sind leicht als Marine Le Pen und ihr Vater Jean-Ma-
rie Le Pen zu erkennen. Dass dieses Szenario in einen Kriminal-
roman gekleidet wurde, ändert nichts an dem beklemmenden
politischen Hintergrund, vieles aus dem fiktiven Aufstieg des
«Bloc Populaire» könnte der Realität des Front National ent-
lehnt sein.

Die Gegend um Reims, ein ehemals stolzes Industrierevier,
stellt Didier Eribon auf seiner Reise zu den Wurzeln seiner Familie fest, besteht nur noch aus Halden und Perspektivlosigkeit.

Das klassische Milieu der Industriearbeiterschaft, die politisch und kulturell links fühlte und sich auch so definierte, gibt es nicht mehr. Es hat sich aufgelöst und ist aus Enttäuschung und Frustration zum Front National gewandert. Wenn das Soziale national wird, ist man rasch bei den Rechten, schrieb Gustav Seibt in seiner Besprechung des Buches von Eribon. Die Verantwortung dafür sieht Eribon bei der Linken, die selbst während der achtziger Jahre zu Zeiten einer Linksregierung mit sozialistischen und kommunistischen Ministern nicht in der Lage war, die Interessen dieser Industriearbeiterschaft zu vertreten, geschweige denn die Versprechen einer Abfederung des Strukturwandels und eines umfassenden sozialen Ausgleiches einzulösen. Stattdessen sei die Linke zu einer «Kaviarlinken», wie Eribon sie nennt, mutiert, habe sich der Globalisierung und dem Neoliberalismus ergeben und einen unverfälschten Klassenstandpunkt den Fragen des Lebensstils geopfert. «Wieso muss man als Arbeiterkind schwul sein, um Professor zu werden?»

Eribons vernichtendes Prädikat «Kaviarlinke» findet eine gewisse Entsprechung in Houellebecqs böser Formulierung von der «agonisierenden Sozialdemokratie». Beide sehen im Versagen der Linken einen wesentlichen Grund für die teilweise wütende Abkehr der klassischen Wählerschaft proletarischer Herkunft nach rechts. Ob Zuwanderung aus anderen Religions- und Kulturkreisen, die als harte Konkurrenz um Jobs und als Ursache von Lohndumping empfunden wird, oder großstädtische libertäre Lebensstile: Beides wird in proletarischen Milieus gleichermaßen als fremdartig empfunden und wirkt sich nachteilig auf das Selbstbewusstsein aus. Was Fremdenfeindlichkeit und die Anfälligkeit für autoritäre Führung und Repression betrifft, sei die von ihrem grundsätzlichen Antirassismus gelähmte Linke von Anfang an unfähig gewesen, schreibt Houellebecq, die Desorientierung traditioneller sozialer Milieus im Zuge des Multikulturalismus zu erkennen.

Mindestens zwei der drei Autoren legen nahe, dass zwischen der extremen Rechten und der extremen Linken in einem das politische Spektrum überwölbenden Bogen Anknüpfungspunkte vorhanden sind. In der Tat gibt es Gemeinsamkeiten, wenn man im jeweiligen ideologischen Fundus nach antidemokratischen, antikapitalistischen, antiwestlichen oder prorussischen Einlassungen sucht. In der politischen Praxis in Deutschland finden sich durchaus Spurenelemente beim Vergleich von AfD und Linkspartei. Anknüpfungspunkte finden die französischen Autoren aber nicht nur im radikalen Rechts-Links-Muster, sondern auch zwischen einer «neurechten identitären Bewegung» und einer «islamischen Bruderschaft». Bei Houellebecq verfolgen beide das Ziel einer «inegalitären, autoritär-patriarchalischen sowie traditions- und religionsbezogenen Gesellschaft».

Ich habe diesen literarischen Ausflug nicht unternommen, um irgendeine Analogie mit den Verhältnissen in Deutschland nahezulegen. Bei allen Gemeinsamkeiten der Werte und Interessen sind die politischen und gesellschaftlichen Unterschiede zwischen Frankreich und Deutschland dann doch zu groß, als dass eine Übertragung dieser ohnehin weitgehend fiktiven Szenarien erlaubt wäre. Ebenso wenig lassen sich die französischen Sozialisten und die deutschen Sozialdemokraten trotz Übereinstimmung im politischen Überbau auf einen Nenner bringen. Ihre innere Struktur, ihr Standort im jeweiligen Parteiensystem und ihr Wirkungsradius sind so unterschiedlich, dass man vor schnellen Vergleichen zurückschreckt.

Eribons harsche Verurteilung der Linken, die das Industrieproletariat Frankreichs beim Untergang von Montanstandorten im Stich gelassen und sich lieber einem linken Lifestyle zugewandt habe, kann ich für die SPD nicht gelten lassen, wenn ich allein an den Einsatz denke, den sie beispielsweise zur sozialverträglichen Gestaltung des Strukturwandels des Ruhrgebietes geleistet hat. Der hat Löcher gerissen, in die neue soziale Probleme buchstäblich eingewandert sind. Aber im Vergleich mit anderen traditionellen Industrieregionen in Europa ist es vielfach gelungen, eine neue Dynamik mit Zukunftsperspektiven in Gang zu setzen.

Die Linkspartei in Deutschland dürfte Eribons Vorwurf umso begieriger aufnehmen und der SPD ankleben. Er entspricht ihrem Kredo, die SPD habe mit der Agenda 2010 ihre Seele verkauft und ihre klassische Wählerschaft «verraten». Abgesehen davon, dass Eribon in seine Klage über das Versagen der Linken auch die französischen Kommunisten einschließt, erinnert die Suada der Linkspartei vom «Verrat» der SPD nur allzu sehr an die unsägliche und historisch fatale Propaganda der KPD Anfang der dreißiger Jahre. Wenn die Wähler dies auch so sehen würden, müsste der «Verrat» der SPD ja eigentlich zu einem Massenübergang zur Linkspartei geführt haben. Hat er aber nicht. Sie dümpelt und steht kurz davor, den Status einer Protestpartei in den neuen Ländern zu verlieren. Vielleicht sollte man sich bei der Linkspartei einmal fragen, ob nicht einige Probleme Frankreichs dadurch zu erklären sind, dass die dortige Linke über Jahrzehnte, bis in die jüngste Amtszeit eines sozialistischen Staatspräsidenten, notwendige Reformen eben nicht angepackt hat.

Noch einmal: Mir geht es nicht um die Wahrscheinlichkeit literarischer Szenarien, geschweige denn um ihre Übertragbarkeit auf deutsche Verhältnisse. Ich werde aber den Eindruck nicht los, dass die öffentliche Debatte hier zu Lande häufig entweder vorauseilend sich selbst unter die Kuratel einer konformen Meinung stellt oder sich von selbsternannten Wächtern «verträgliche Meinungen» vorschreiben lässt. Jede größere Abweichung wird mit einem Shitstorm quittiert. Wir könnten eine Weitwinkelperspektive ganz gut gebrauchen. Vor allem müssen wir unsere Sinne dafür schärfen, welche Gefahren und Fährnisse parlamentarischen Demokratien und offenen Gesellschaften drohen, wenn deren «Systemparteien» aus Gründen der jeweiligen Gruppendynamik in eine Selbsttäuschung über gesellschaftliche Bruchlinien verfallen.

Nach der Lektüre der hier besprochenen Bücher springt einen die Erkenntnis geradezu an, dass der neue französische Staatspräsident Emmanuel Macron keinesfalls scheitern darf. Nicht nur im europäischen, sondern auch in unserem eigenen deutschen Interesse muss er Erfolg haben bei seinen Bemühungen, die französische Gesellschaft zusammenzuführen und für mehr Beschäftigung und eine höhere Wettbewerbsfähigkeit seines Landes zu sorgen. Denn die ohnehin schon bedenklichen zehn Millionen Stimmen in der Stichwahl Mitte Mai 2017, die Marine Le Pen als Staatspräsidentin im Élysée-Palast sehen wollten, verschwinden ja nicht über parteiinternen Querelen oder Abspaltungen des Front National. Und sie müssen keineswegs den Zenit der rechtsradikalen Bewegung in Frankreich darstellen.

Die Frage, was es bedeutet, wenn die Linke einerseits ihre Rolle als Anwalt «für den kleinen Mann» (Johannes Rau) aufgibt und es andererseits versäumt, Politik für die Mehrheitsgesellschaft zu machen, weil Minderheiten darüber am ehesten geschützt werden und zu ihrem Recht kommen, findet inzwischen auch in den USA viel Beachtung. Unter dem Schock der jüngsten Präsidentschaftswahl entfaltet sich dort eine Debatte, ob die Linke das Land nicht Donald Trump ausgeliefert habe, indem sie sich vornehmlich mit «Identitätspolitik» befasste, also in diesem Fall mit den Rechten von Minderheiten, und darüber den Blick für die Bedürfnisse und Erwartungen eines weißen Prekariats wie auch einer abstiegsverängstigten Mittelschicht verloren hat.

Die Linke habe Donald Trump unbewusst zahlreiche Wähler zugeführt, schrieb Omri Böhm in der *Zeit* («Wer ist das Wir»), indem sie den Patriotismus à la Roosevelt – «Wir Amerikaner» – preisgab und sich auf Frauen, ethnische Minoritäten, Behinderte, Lesben und Schwule fokussierte. «In einer Demokratie besteht der einzige Weg, Minderheiten zu verteidigen, darin, Wahlen zu gewinnen. Um das zu tun, muss man als Amerikaner zu Amerikanern sprechen.» Der Identitätsliberalismus tue genau das Gegenteil und mache junge Afroamerikaner und andere gefährdete Gruppen, die einem angeblich am Herzen liegen, noch angreifbarer. Tauscht man «Amerikaner» gegen «Deutsche» aus und setzt für «Afroamerikaner» zum Beispiel Flüchtlinge und Asylbewerber ein, dann lassen sich die Erfahrungen der amerikanischen Linken durchaus auf die hiesige Debatte übertragen. Meine Partei sollte solche jedenfalls aufnehmen.

Zusammengefasst lautet der von den drei französischen Autoren formulierte Vorwurf an die Linke, dass sie sich zu einer postmaterialistischen Linken gewandelt habe, die nicht mehr auf die ökonomische Lage und die Perspektiven der arbeitenden Klasse fokussiert sei. Der Kampf gegen die ökonomische Ausbeutung sei durch den Kampf gegen die Diskriminierung abgelöst worden. Die neuen Zauberworte hießen Multikulturalismus, Weltbürgertum, Gleichstellungs- und Minderheitsrechte und kämen in libertären Lebensstilen zum Ausdruck. Die post-materialistische Linke beschäftige sich mit belanglosen Befindlichkeits- und großstädtischen Lifestylethemen, statt die ökonomische Klassenfrage des digitalen und Finanzkapitalismus des 21. Jahrhunderts zu stellen.

III

Krankenwagen der Gesellschaft oder Gestalter von Zukunft?

Der Wahlkampf 2017 bescherte mir zahlreiche Déjà-vu-Eindrücke aus dem Wahlkampf 2013: der Hype um den SPD-Kanzlerkandidaten vor seiner offiziellen Nominierung und der Absturz danach. Angela Merkel als Kammerjägerin, die im Vorfeld der heißen Wahlkampfphase potenzielle Erregungsthemen zu dekontaminieren und Profilwiesen der politischen Konkurrenz trockenzulegen suchte. Ein eher beiläufig verabschiedetes Wahlprogramm von CDU/CSU, deren unverhüllter Machtanspruch weniger auf einen demokratischen Wettbewerb von Zukunftsentwürfen als schlicht auf die personelle Kontinuität im Kanzleramt setzte. Dem stand ein filigran entwickeltes Wahlprogramm der SPD gegenüber, die wie so oft dem anrührenden Irrtum unterlag, dass Wahlkampf über ein vielseitiges Angebot diverser Konzepte entschieden werde. Was fehlte, war nicht nur ein markantes Profil. Die SPD versäumte es auch, «einen inspirierenden ideellen Überbau» zu liefern, «einen narrativen Deutungsrahmen, der politische Gestaltungskraft vermittelt» (Elmar Wiesendahl).

Die SPD traf jedoch wieder einmal auf eine Wählerschaft, die mit dem Zustand des Landes und ihrer eigenen ökonomischen Lage weitgehend zufrieden war. Mit ihrer Wahlkampagne «Zeit für mehr Gerechtigkeit» schoss sie wie 2013 erneut an dieser

Realität vorbei und reduzierte ihre Rolle auf die eines Rote-Kreuz-Wagens zur Aufnahme der Gebeutelten. Und wieder war die Kampagne einem innerparteilichen Komment von Funktions- und Mandatsträgern geschuldet, die sich als Gralshüter sozialdemokratischen Erbgutes wähnen. Tatsächlich halten diese Teile der Partei an einer überholten Gesellschaftsanalyse fest, um den Mühen und Auseinandersetzungen mit der Frage zu entgehen, wie man die SPD auf die Höhe der Zeit bringen kann; sie fürchten einen Einflussverlust. Aus dieser Sicht ist Martin Schulz das jüngste Opfer einer Lernschwäche der SPD-Funktionselite. Der Wahlslogan dürfte nicht einmal die viel zitierte und nicht selten als Referenz in Anspruch genommene Basis der SPD mit einem Donnerhall erfasst haben. Die Wählerschaft schon gar nicht, wie das Wahlergebnis empirisch erwiesen hat.

Richtig ist: Deutschland geht es wirtschaftlich so gut wie nie, und gleichzeitig gibt es gesellschaftliche Spaltungstendenzen. Die Zahl der Erwerbstätigen (über 44 Mio.) und auch der sozialversicherungspflichtig Beschäftigten (über 32 Mio.) bewegt sich auf Höchstständen, während die so genannte atypische Beschäftigung (Leiharbeit, Mini-Jobs, befristete Verhältnisse, Solo-Selbstständige, Teilzeit) insgesamt stagniert. Aber parallel dazu gibt es bis weit in die Mittelschicht hinein eine wachsende Verunsicherung angesichts einer diffusen Zukunft. Nicht zu verschweigen ist, dass 3,5 Millionen Bürger durch Krankheit in der Ausübung ihres Berufes eingeschränkt oder in Fördermaßnahmen unterbeschäftigt sind und viele Minijobber oder Teilzeitbeschäftigte nach einer Vollzeitstelle suchen. Aber immerhin: Die Arbeitslosigkeit ist so gering wie nie seit der Wiedervereinigung und die zweitniedrigste in Europa.

Das Armutsrisiko in Deutschland nimmt insbesondere für

alleinerziehende Frauen, Kinder und ältere Mitbürger zu, wenn auch auf einem sehr niedrigen Niveau und erst recht im europäischen Vergleich. Das ist kein Trost, aber auch kein Indiz für ein fundamentales Versagen unserer Wirtschafts- und Sozialordnung.

Die Schere der Vermögensverteilung ist in Deutschland über die letzten Jahrzehnte immer weiter auseinander gegangen und hat zu einer deutlichen Spreizung geführt, die durch jährliche Erbschaften in der Größenordnung von bis zu 400 Milliarden Euro ständig verschärft wird, während sich die Einkommensverteilung – ausgedrückt im so genannten GINI-Koeffizienten – unter Berücksichtigung staatlicher Transfers über die letzten Jahre ziemlich konstant zeigt, was wiederum dem Sozialstaat kein schlechtes Zeugnis ausstellt.

Den Versuch einer sozialen Vermessung der Republik unternahm das Zentrum für Europäische Wirtschaftsforschung (ZEW) mit einer Studie unter dem Titel «Wohlstand für alle – Wie inklusiv ist die soziale Marktwirtschaft?». Unter den fünf Rubriken Wachstum, Einkommen, Vermögen, Chancengerechtigkeit und Armut malten die Autoren keineswegs eine soziale Idylle und legten auch kein Blattgold über die Republik. Insbesondere das Auseinanderdriften in der Vermögensverteilung, der nach wie vor stark herkunftsbedingte Zugang zu Ausbildung und Beruf sowie das gestiegene Armutsrisiko würden uns künftig vor Probleme und Herausforderungen stellen, lautete der Befund.

Aber das Bild einer sozialen Verwüstung des Landes mit Heerscharen von Verlierern und «Abgehängten» oder Millionen bis ins Mark verunsicherten Stammwählern, die auf der Schwelle zum Hass stehen und manchmal auch vom Amok träumen (so der Schriftsteller Wolf Reiser in einer Philippika gegen das rot-schwarz-gelb-grüne Konsensmilieu und die Wir-schaffen-das-gut-Sprecher), entspricht ebenso wenig der Realität wie die Verharmlosung sozialer Ungerechtigkeiten. Der Mehrheit gehe es so gut, urteilte Willi Winkler nach einem Spaziergang durch das Land in der *Zeit*, dass manche nur noch maulen könnten.

Jenseits aller Statistiken geht es mir im Folgenden um die politische Weisheit der Strategen und Berater der SPD, die angesichts der konkreten sozialen Lage (unbenommen ihrer Schattenseiten) und die widersprüchliche Wahrnehmung sozialer Gerechtigkeit in Deutschland ignorierend die Wahlkampagne der SPD einseitig unter das Dach «Zeit für mehr Gerechtigkeit» gestellt haben. Abstrakt gefragt, dürften nahezu 100 Prozent der Wahlbevölkerung für soziale Gerechtigkeit sein. Wer kann schon dagegen sein? Angesichts ihrer hohen Evidenz verlieren solche Kennwörter aber auch ihr Streitpotenzial und entfalten kaum noch kommunikative Durchschlagskraft. Auf der konkreten Ebene aber versteht jeder – je nach persönlicher Lage und abhängig davon, wie er zu seinem Nachbarn steht und welches Bild er von «denen da oben» beziehungsweise «denen da unten» hat – unter sozialer Gerechtigkeit etwas Anderes. Es gibt keinen objektiven Maßstab. Welcher Steuertarif ist für welchen Einkommensbezieher aus der Sicht von Herrn A, B oder C und Frau X, Y oder Z «gerecht»?

Ein so heterogenes Kollektiv wie die Wählerschaft kann von dem Leitwort «Gerechtigkeit», das einer so subjektiven Interpretation und dem jeweiligen gruppenspezifischen Interesse unterliegt, nur dann elektrisiert werden, wenn es auf den Kern eines allgemein empfundenen Missstandes trifft oder ein zentrales Zukunftsanliegen zum Gegenstand hat. Es genügt nicht, dass einzelne Gruppen und Minderheiten angesprochen werden.

Die SPD steht jedoch bei vielen generell unter dem Verdacht – ob berechtigt oder unberechtigt, ist hier gleichgültig –, dass ihre Gerechtigkeitspolitik auf die Bedienung von Wunschkatalogen ihrer Stammwähler oder sozial benachteiligter Einzelgruppen hinausläuft, was eine Umverteilung bis in die Etagen mittlerer Einkommen und generell die Erhöhung sozialer Transfers zur Folge hat, ohne dass die Frage der Finanzierung und der damit verbundenen Neuverteilung der Lasten genügend berücksichtigt würde.

Diese verbreitete Wahrnehmung einer «klassischen» Sozial- oder Gerechtigkeitspolitik der SPD ist in der breiten Wählerschaft weniger populär, als die so genannten Sopos (Sozialpolitiker) unter den Sozialdemokraten glauben – unabhängig davon, welchen Überbietungswettbewerb sozialer Wohltaten andere Parteien wie insbesondere die CSU im Wahlkampf betreiben. Denn so begriffsstutzig sind die Wähler nicht, dass sie nicht nach der Finanzierung weiterer Sozialtransfers, der Zielgenauigkeit des Sozialsystems, seiner Zukunft vor dem Hintergrund unserer Demografie und damit nach den Lasten von Kindern und Kindeskindern fragen. Mit einem Wort, sie fragen nach der Gegenleistung im Sozialkontrakt zwischen denjenigen, die Solidarität stiften, und denjenigen, die Solidarität empfangen.

Die SPD muss sich auf jene Ansatzpunkte konzentrieren, die darüber entscheiden, ob Deutschland ein gerechtes Land ist oder nicht, und die deshalb quer durch unterschiedliche soziale Schichten als politischer Handlungsbedarf anerkannt, ja gefordert werden. So dürfte es eine breite Übereinstimmung darin geben, dass einem chancengerechten Zugang zu Bildung und Beruf sowie gleichen Bedingungen für einen sozialen Aufstieg in Deutschland Hürden entgegenstehen. Ebenso ist die Ungleichverteilung von Vermögen mit einem sich selbst verstärkenden Prozess der weiteren Akkumulation in der Hand weniger eine Tatsache. Und drittens wird die ungleiche Vergütung von Frauen im Verhältnis zu gleich qualifizierten Männern einschließlich ihrer deutlich geringeren Aufstiegsmöglichkeiten als sozialer Skandal empfunden.

Nun wird mir nahezu jeder Wahlkämpfer der SPD entgegenhalten, diese Punkte seien doch Gegenstand der Kampagne gewesen. Ja, an der einen oder anderen Stelle habe ich das vernommen – nicht zuletzt in den Beiträgen von Martin Schulz. Aber es ging unter! Es gab keine Agitation mit einem Angebot zu diesen drei zentralen Stellschrauben für «mehr Gerechtigkeit». Steuersätze, das Rentenniveau oder die Abschaffung des Kooperationsverbotes zwischen Bund und Ländern bei der Schulbildung sind zweifellos wichtige Themen, aber die meisten Wähler denken viel abstrakter, letztlich profaner, und fragen: Welche politische Kraft sorgt am ehesten für ökonomische, soziale und innere Sicherheit in der Zukunft.

Es gibt eine ernstzunehmende Enttäuschung, teils Verdrossenheit gegenüber Politik und Parteien, auch gegenüber Wirtschaftseliten, Medien und den Kirchen, aber es gibt keine nennenswerte fundamentale Systemkritik wegen tiefgreifender sozialer Erschütterungen und Spannungen. Angesichts der rund 30 Prozent der jährlichen Wirtschaftsleistung, die dem Sozialstaat zufließen, kann von sozialer Kälte, die das Land durchzieht, keine Rede sein – die eingesetzten Mittel erzielen ausgleichende Wirkung. Unzufriedenheit, Enttäuschung und Unmut – auch das Toben und Wüten auf manchen Plätzen während des Wahlkampfes – speisen sich weniger aus ökonomischen als vielmehr aus sozialpsychologisch zu erklärenden Motiven. Das Land besteht zum weit überwiegenden Teil nicht aus Opfern und diskriminierten Minderheiten, die zweifellos der Solidarität und Gleichberechtigung bedürfen, die aber keine höhere politische Aufmerksamkeit und Berücksichtigung finden sollten als die Mehrheit mit ihren Anliegen und Erwartungen. Diese Mehrheit stellen die vielen Arbeitnehmer, die erhebliche Steuern und Abgaben zahlen und damit maßgeblich den Sozialstaat finanzieren; Freiberufler, die auch so behandelt zu werden wünschen; Eltern und viele alleinerziehende Frauen, die ihre Kinder anständig erziehen wollen; Beamte und Angestellte im öffentlichen Dienst, die die personelle Infrastruktur des Landes bilden; Familienunternehmer, die nicht auf die Quartalsbilanz fixiert sind; Wissenschaftler, die für neue Erkenntnisse und Fortschritt sorgen – und generell alle, die nach den Regeln spielen.

Die SPD sollte hinhören, wenn ihr aus einer der größten Wählergruppen zugerufen wird: Ich bin weiblich, verhältnismäßig jung, weiß und deutscher Herkunft, heterosexuell, will Kinder haben beziehungsweise habe Kinder, fühle mich in meinem Job wohl, will aber so bezahlt werden wie mein männlicher Kollege, finde Deutschland toll, wenn auch an manchen Stellen verbesserungsbedürftig – und fühle mich nicht als Opfer! Dazu will ich von der Politik auch nicht gemacht werden.

Fast alle sind für Gerechtigkeit. Aber darüber hinaus geht es ihnen um Angebote zur Gestaltung von Zukunft. Wie soll das moderne, soziale und wettbewerbsfähige Deutschland in zehn Jahren aussehen, war die neugierige Frage vieler. Notwendige Korrekturen sind das eine. Das andere ist das Anzetteln einer Debatte über Zukunft – und die Offerte, selbstbestimmte Lebensentwürfe zu ermöglichen statt nur zu alimentieren. An dieser Doppelbotschaft der SPD, die im Bundestagswahlkampf 1998 unter Gerhard Schröder «Innovation und Gerechtigkeit» lautete, fehlte es 2017.

Soziale Gerechtigkeit ist zweifellos ein zentrales Element für gesellschaftliche Stabilität und damit auch Sicherheit, aber sie deckt die Gesamtbreite des Sicherheitsbedürfnisses der Bürger nicht ab. Eine solche Fokussierung erscheint zumindest all denen unzureichend, die auch nach den Voraussetzungen für den Erhalt unserer ökonomischen Wohlstandsbasis und dementsprechend nach der Sicherheit der Arbeitsplätze in der Zukunft fragen. Hier geht es nicht um politische Kompetenz auf der Verteilungsseite, sondern um Konzepte zur Förderung der Produktivkräfte.

Ebenso dürften sich jene in der Fokussierung der SPD auf die soziale Gerechtigkeit nicht wiedergefunden haben, denen die bereits erwähnten Begriffe staatliche Handlungsfähigkeit, Kontrolle und Ordnung wichtig sind und die deshalb den Aspekt der inneren Sicherheit politisch entsprechend gewichtet sehen wollen. In einer Umfrage vor der Wahl forderten 73 Prozent der Befragten, dass die Politik mehr tun müsse, um die Sicherheit der Bürger zu gewährleisten. Am 24. September erhielten die großen Parteien die Quittung dafür, dass sie dem Thema Flüchtlinge, Zuwanderung und Integration auch im Kontext der inneren Sicherheit ausgewichen waren. In Ermangelung eines Otto Schily erhielt die SPD bei diesem Thema allerdings besonders miese Kompetenzwerte. Zwar hatte Martin Schulz Anfang Juni 2017 ein Konzept zur inneren Sicherheit vorgelegt, das ich durchaus zur Kenntnis genommen habe. Aus parteiinternen Gründen und in der öffentlichen Kommunikation fällt es der SPD aber schwer, bei diesem Thema ein Markenzeichen zu setzen.

Schon das Motto meines Wahlkampfes 2013 «Das Wir entscheidet» war mit dem unterlegten Wahlprogramm (einschließlich einer Vermögenssteuer) auf sozialen Ausgleich und Zusammenhalt zentriert – und wir landeten bei enttäuschenden 25,7 Prozent. Jetzt wiederholte sich der Fehler in der hartnäckigen Annahme, dass das hinlänglich bekannte Liederbuch der SPD in Neuauflage doch verfangen könnte. Tat es aber nicht. Und das war absehbar, weil ihr Gesellschaftsbild noch immer überholt war und sie keine mitreißenden Botschaften parat hatte.

Dem liegt eine politische Mechanik zugrunde, die sich regelmäßig in der SPD wiederholt. Um der Geschlossenheit willen geriet bisher jeder Parteivorsitzende und Kanzlerkandidat der SPD in ein Dilemma. Er musste sich tendenziell linken Positionen öffnen, die aber teils nicht unerhebliche Vermittlungsprobleme in der Mitte der Gesellschaft haben. Abgesehen davon, dass diese Positionen im explizit linken Wählerspektrum nie genügen und eher das Original der Linkspartei gewählt wird, kann die Zustimmung dort die Verluste in der politischen Mitte niemals kompensieren.

Nun ist die politische Mitte der Gesellschaft in der Tat kein fester Ort. Sie hat sich in den letzten Jahrzehnten in Deutschland mehrfach verschoben. Aber seit Mitte des letzten Jahrzehnts lässt sich an den Wahlergebnissen ablesen, dass die politische Achse der Republik – und damit die volatile Mitte – nach rechts gewandert ist, wenn man die Stimmen für CDU/CSU, FDP und AfD denen für SPD, Grüne und Linkspartei gegenüberstellt. Einige Positionen der SPD sind allenfalls für bestimmte Minderheiten anschlussfähig, die in ihrer Gesamtheit aber keine parlamentarische Mehrheit erbringen. Es fehlen der SPD einerseits Politikangebote zu den Top-Themen, die aus Sicht der Wähler für ihre Stimmabgabe entscheidend sind, und andererseits eine faszinierende Erzählung, mit der die Mitte der Gesellschaft wieder nach links in Bewegung gesetzt werden könnte.

Die Dramaturgie von SPD-Parteitagen und ihre Beschluss-
fassungen werden von Funktions- und Mandatsträgern bestimmt, unter denen diejenigen die Mehrheit haben, die den
Kodex parteiverträglichen Wissens definieren und verteidigen.
Dieser Kodex hat keineswegs die Funktion, die Wirklichkeit ab-
zubilden, vielmehr soll er die Partei gruppendynamisch zusam-
menhalten und interne Machtpositionen und Deutungshohei-
ten sichern. Das Ergebnis ist eine wachsende Kluft zwischen
dem Zeitgespräch innerhalb der Partei und dem Zeitgespräch
in der Gesellschaft, wie Peter Glotz bereits 1997 (!) feststellte.

Das Hauptproblem der Binnenkommunikation der SPD
liegt darin, dass soziale Gerechtigkeit und darüber die Partei-
nahme für die «Mühseligen, Beladenen und Entrechteten dieser
Welt» im Mittelpunkt stehen. Das gehört zweifellos zum Erb-
code der SPD über alle politischen Generationen in ihrer über
150jährigen Geschichte hinweg. Dem abzuschwören, wäre nur
um den Preis der Selbstaufgabe möglich. Weil das interne Gespräch dominiert, fehlen der SPD bis heute eine intelligente
Analyse des digitalen Kapitalismus in seinen gesellschaftlichen,
wirtschaftlichen und kulturellen Auswirkungen und ein einigermaßen barrierefreier Zugang zur «produktiven Klasse» mit
ihren «Wissensarbeitern». Gewinnt sie aber dort keinen Anschluss und Einfluss, weil sie zu eindimensional, zu traditiona-
listisch oder zu links-strukturkonservativ agiert, wird sie die
Gesellschaft in der wirtschaftlichen und technologischen Zukunft des 21. Jahrhunderts nicht gestalten können.

Nicht wenige Parteifreundinnen und Parteifreunde werden
diese Einschätzung zurückweisen und Beispiele nennen, dass
die SPD keineswegs blind gegenüber neuen wirtschaftlichen
und technologischen Phänomenen ist. Mag sein! Ich sehe trotzdem einen Nachholbedarf. Wenn ich Parteitagsreden folge, de-

ren Kern in keinem Saal mit einem gemischten, parteipolitisch ungebundenen Publikum verfangen oder gar Neugier wecken würde, und Beschlüsse lese, die schlicht autosuggestiven Charakter haben und durch jeden Wirklichkeitstest fallen würden, spüre ich den bleiernen Deckel, der die SPD daran hindert, auf die Höhe der Zeit zu kommen.

Es spricht Bände, dass einige Mandats- und Funktionsträger es immer aufs Neue schaffen, die Partei in Selbstzweifel zu stürzen wegen der Reformagenda 2010, die nun vor fast 15 Jahren – übrigens von rund 80 Prozent der Delegierten auf einem außerordentlichen Parteitag 2003 in Berlin – verabschiedet wurde. Als Anhänger der Reformagenda von Gerhard Schröder räume ich allerdings ein, dass die SPD in der Folge ihrer Reformpolitik und in der anschließenden Regierungsdisziplin von zwei großen Koalitionen einen ideellen Raum freigegeben haben könnte, den andere politische Kräfte nun zu besetzen suchen.

Schon vor mehreren Jahren konnte man den Eindruck gewinnen, dass die SPD aus ihrer ehrenvollen Anwaltschaft für die Belange diverser Minderheiten und diskriminierter Gruppen eine parlamentarische Mehrheit glaubte zimmern zu können. Der hohe Stellenwert, den die SPD der Beseitigung von Diskriminierung nach Geschlecht, sexueller Neigung, Herkunft, Hautfarbe, Religion und nicht zuletzt Menschen in einer sozial prekären Lage einräumte, wird von vielen Werktätigen, die in einem normalen Arbeitsverhältnis stehen, als eine Abwendung von ihren Lebenswirklichkeiten und Existenzfragen verstanden. Die hohe politische Aufmerksamkeit, die Minderheiten zuteil wurde – zumal wenn sie artikulationsstark vertreten werden –, erschien nicht wenigen «ordinary people» unverhältnismäßig im Vergleich zu der Beachtung, die man ihnen politisch widmet. Dass die Vertreter von Minderheits- oder Gleichstellungs-interessen in nicht wenigen Fällen eine rigide, geradezu beklem-mende Sprachregelung entwickelt haben, die völlig ironiefrei ist und deren Nichtbefolgung zu einem Bannstrahl führen kann, schafft zusätzliche Distanz.

Die SPD wird sich immer für Offenheit und Toleranz gegen-über verschiedenen Lebensentwürfen, für kulturelle Vielfalt und Internationalität einsetzen. Aber sie sollte darüber nicht ihren politischen Kompass dejustieren. Sie wird in erster Linie die Mehrheitsgesellschaft ansprechen und erreichen müssen.

So sehr beispielsweise die «Ehe für alle» ein richtiger und wichtiger Schritt zur Gleichstellung von Schwulen und Lesben war, so sehr muteten die Hymnen auf den Erfolg der Verab-schiedung des entsprechenden Gesetztes wie eine Selbstkrö-nung an. Allerdings: An der Messe nahmen nur sehr wenige Bürger teil – nicht etwa aus Ablehnung, sondern weil dieses Gesetz zwar für eine wohl knapp sechsstellige Anzahl homose-xueller Paare und ihre aktiven wie sympathisierenden Unter-stützer ein Meilenstein, aber für die breite Mehrheit schlicht irrelevant war. Ich hatte den Eindruck, dass andere Themen zum Zeitpunkt der Verabschiedung der «Ehe für alle» in der öffentlichen Aufmerksamkeit deutlich höher rangierten, etwa die Abgasproblematik, die ein jahrelanges Versagen im Manage-ment der deutschen Automobilindustrie offenbarte und zur Verunsicherung vieler Autobesitzer führte, wie es denn nun um die Wertigkeit ihres Diesel-Kfz und mehr noch um die Zukunft der deutschen Automobilindustrie insgesamt bestellt ist. Erst Ende August rückte das Thema über ein Sommerinterview von Martin Schulz auf der politischen Agenda der SPD nach vorn – nachdem sich Bundesverkehrsminister Dobrindt (CSU) nicht einmal als Glühwürmchen profiliert hatte.

Ich will mit diesem Beispiel nicht in den Verdacht einer Geringschätzung des Anliegens kommen, homosexuellen Paaren die Tür zur Adoption von Kindern zu öffnen. Ich verstehe auch die Symbolwirkung im Rahmen einer Gleichstellungspolitik nach Jahrzehnten der Kriminalisierung und Demütigung von Homosexuellen. Mir geht es um die Frage, ob der Enthusiasmus der SPD über den politischen Erfolg (und nebenbei Frau Merkel ausgetrickst zu haben) von der Mehrheitsgesellschaft geteilt wurde. Im Übrigen sollte der Blick trotz gewachsener Aufgeschlossenheit der Bürger für Gleichstellungsfragen nicht so weit getrübt sein, zu meinen, dass die vollständige Relativierung der Geschlechterrollen im Zuge einer Genderpolitik auf allgemeine Begeisterung stößt und für erstrebenswert gehalten wird. Sofern eine Gruppenbildung aus verschiedenen sexuellen Orientierungen, die in Nordamerika unter der sagenhaften Bezeichnung LGBTQIA+ (Lesbian-Gay-Bisexual-Trans-Queer-Intersex-Asexual +) firmiert, in Deutschland Nachahmung finden sollte, empfehle ich der SPD jedenfalls keinen Aufmerksamkeitsüberschuss, wenn sie in der Mehrheitsgesellschaft noch ankommen will.

Im Übrigen hat Richard Sennet die öffentliche Thematisierung sexueller Befindlichkeiten und Neigungen und ihre Präsentation im öffentlichen Raum schon vor über dreißig Jahren als «Tyrannei der Intimität» bezeichnet. Und zuletzt sollte sich auch niemand darüber hinwegtäuschen, dass der normative Begriff der «klassischen» Familie noch immer einen hohen Wert darstellt und keineswegs nur konservativ besetzt ist.

Viel Aufmerksamkeit für die Lage von Minderheiten ist vor allem in jenen Teilen der SPD zu beobachten, die dem starken Einfluss eines akademischen linksliberalen Milieus unterliegen, in dem die Zugehörigkeit zu einer Randgruppe «zur Schlüsselqualifikation erhoben wird und eine Sakralisierung von Diskriminierungserfahrungen» stattfindet (so Verena Friederike Hasel in der *Zeit*). Die Folge ist, dass eine schweigende Mehrheit sich abwendet und den Kreis des Politischen und der Politik entweder ein für allemal verlässt oder sich eine neue politische Adresse sucht. Die Hinwendung einer stark akademisch geprägten Linken zu einer Antidiskriminierungspolitik zugunsten von Minderheiten und Lebensstilen einerseits und der Neoliberalismus der Reformlinken andererseits führen dazu, dass das Feld der Kapitalismuskritik den neuen Rechten überlassen wird, die sich dort in Teilen mit der orthodoxen Linken treffen. Daher auch die Verwandtschaft von Positionen und Aktionsformen zwischen den beiden Flügeln im politischen Spektrum.

Ich will noch einmal die vier wichtigsten Gründe zusammenfassen, die zum politischen Kursverfall der SPD entscheidend beigetragen haben, und fragen, ob die Partei

- ihrer historischen Funktion, ein Gegengewicht zu einem entfesselten und entgrenzten Kapitalismus zu sein, zu wenig Folge leistete,
- in ihrem Universalismus allem Bodenständigen in Sport-, Mieter-, Kleingarten-, Karnevals-, Schulvereinen und so weiter als «kleinbürgerlich beschränkt» entsagte,
- in ihrem Verständnis als Gesamtbetriebsrat der Nation zwar Unwuchten zu korrigieren sucht, aber keine faszinierende Zukunftsidee und Horizonterweiterung lieferte und
- in ihrer Minderheitenpolitik und «Vielfaltseuphorie» den Erwartungen und Anliegen einer Mehrheitsgesellschaft, die durchweg nicht aus Entrechteten und Geknechteten besteht, nicht genügend Aufmerksamkeit widmete.

Dem Historiker Philipp Blom verdanke ich den Hinweis auf eine Sozialreportage von George Orwell über die Lebensverhältnisse der Bergarbeiter in Nordengland, «The Road to Wigan Pier», in der er sich bereits 1937 darüber mokierte, dass jeder Fruchtsaftapostel, Nudist, Sandalenträger oder Sexverrückte glaube, eine politische Botschaft zu haben. Diese Tendenz scheint in der Aufmerksamkeitsökonomie des 21. Jahrhunderts stark zugenommen zu haben. Die SPD sollte sich aber darauf besinnen, dass sie Wahlen nur gewinnt, wenn sie die Mehrheitsgesellschaft erreicht – was dann auch, ich wiederhole es, der beste Minderheitenschutz wäre.

IV

Hätte hätte Fahrradkette ...

Martin Schulz präsentierte für die SPD eine Reform der Agenda 2010 (so genanntes Arbeitslosengeld Q im März 2017), ein Konzept zur Bildungspolitik (Mai 2017), ein Konzept zur inneren Sicherheit (Juni 2017), ein Rentenkonzept (Juni 2017) und ein Investitions- und Steuerkonzept (Juni 2017). Er legte nach und stellte Ende August ein Förderprogramm des Bundes für Bildungsinvestitionen vor und reagierte, als Angela Merkel in einem TV-Auftritt zum Pflegenotstand unter Druck kam, fix mit einem «Neustart» in der Pflegepolitik.

Ein Parteitag beschloss Ende Juni 2017 geschlossen das SPD-Wahlprogramm mit 13 Kapiteln von der Familie bis zum Frieden. Wahrlich solide Arbeit und eine beeindruckende Strecke. Die SPD ließ die Wähler jedenfalls nicht im Ungefähren. Sie lieferte – und zwar keine leeren, sondern reichhaltig gefüllte Kisten. Nur fanden die, wie schon 2009 und 2013, keinen reißenden Absatz beim Wähler – und auch nicht viel Beifall bei den Kommentatoren, die zuvor die SPD gedrängt hatten, doch bitte endlich konkret zu werden. Dagegen gingen vage Vorstellungen der CDU/CSU häufig entweder glatt durch oder wurden sowieso nicht ernst genommen, weil einer wiedergewählten Kanzlerin ohnehin ein Prärogativ zugeschrieben wurde.

Die SPD trat mit Slogans an, die nicht platt waren und die Intelligenz der Wähler nicht beleidigten: «Bildung darf nichts kosten. Außer etwas Anstrengung», «Damit die Rente nicht klein ist, wenn die Kinder groß sind», «Zum Land der Dichter und Denker passt eine Politik, die in Ideen investiert». Nur suchten alle vergeblich nach den drei oder vier emotional mobilisierenden, weil nicht zuletzt kontroversen Botschaften. Diesen allgemeinen Eindruck fasste ein Kommentator in der *Süddeutschen Zeitung* unter der Überschrift zusammen: «Ideen gesucht». Weder die Themen noch die Wahlkampagne elektrisierten. Manch einer kam sich vor wie im «Sommerschlussverkauf» politischer Angebote – noch tragbar, aber nicht mehr im Trend (Roman Maria Koidl).

Sigmar Gabriel hatte 2009 in einer fulminanten Rede zur Kür als Parteivorsitzender nach der mit 23 Prozent verlorenen Bundestagswahl auf dem Parteitag in Dresden festgestellt, dass eine Partei, die in gut zehn Jahren rund zehn Millionen Wähler in alle Richtungen verloren habe, kein sichtbares Profil erkennen lasse. Das ist nun auch wieder acht Jahre her, und noch einmal hat die SPD «in alle Richtungen» verloren. Das heißt: Die SPD hat immer noch kein sichtbares Profil. Das Wahlprogramm und die Wahlkampagne haben daran nicht nur nichts geändert, sie haben dazu sogar beigetragen: 70 Prozent der Wähler wussten nicht – Olaf Scholz hat darauf hingewiesen –, was das zentrale Wahlkampfthema der SPD war.

Selbstverständlich müssen sich Volksparteien vor einer Wahl zu den aktuellen Themen von «A» wie Arbeitsmarkt bis «Z» wie Zuwanderung erklären. Das tun sie mehr (SPD) oder weniger (CDU/CSU) konkret. Dabei lassen sie giftige Themen auch schon einmal unter den Tisch fallen oder servieren sie nur in bekömmlicher Dosierung. Das galt in diesem Wahlkampf zum einen für die Flüchtlings- und Zuwanderungspolitik, um deren Falltüren – die Frage nach der Aufnahmefähigkeit und die Voraussetzungen erfolgreicher Integration – beide große Parteien einen Bogen schlugen. Das galt zum anderen für die Zukunft der Rente, wo allen Kundigen und Sehenden klar ist, dass bei einer weiteren Erhöhung der Lebenserwartung und damit der Rentenbezugsdauer unabweisbar das Thema der Lebensarbeitszeit auf die Tagesordnung gehört – und ansonsten alle unter Dreißigjährigen samt Nachkommen die Gelackmeierten sind. Zumal im demografischen Wandel und eventuell auch durch Umbrüche in der Arbeitswelt die Zahl der sozialversicherten Beschäftigten mit ihren Einzahlungen in die Rentenversicherung eher abnehmen dürfte. In diesen Themenkomplex gehört auch die Verdrängung des Problems der Pensionslasten im öffentlichen Dienst.

Mit spitzen Fingern behandelten die beiden großen Parteien nicht zuletzt das Thema Klimaschutz. Fachleute machten ihnen (und teilweise sogar den Grünen) den Vorwurf, die Wähler über die wahre Lage eher zu täuschen: Das 2015 auf dem UN-Klimagipfel in Paris beschlossene Ziel, wonach die mittlere Erdtemperatur bis 2100 nicht um mehr als zwei Grad Celsius gegenüber vorindustrieller Zeit steigen soll, sei durch die Einsparung von Treibhausgasen nicht erreichbar. Allein diese Feststellung birgt so weitreichende Probleme hinsichtlich industrieller Anpassungsprozesse wie auch der Änderung unserer Lebensgewohnheiten, dass alle Parteien (mit Ausnahme der Grünen) darüber lieber einen Mantel des Schweigens legten. In heimlicher «Komplizenschaft» mit dem Wähler, der nicht lernen will (ich gehöre aus Sicht meiner Familie auch dazu), redeten sie lieber über die Abschmelzung des Solidaritätszuschlages als über jene der Polkappen. Schließlich wollten sie den SUV-Fahrern das Vergnügen nicht versalzen, ihre Kinder von der Kita abzuholen, für das marode deutsche Straßennetz mit entsprechenden Stoßdämpfern gut ausgerüstet zu sein und in der

Tiefgarage zum bequemen Aussteigen zwei Parkplätze in Anspruch zu nehmen.

Fachleute weisen nun darauf hin, dass zusätzlich zur Einsparung von Treibhausgasen auch Technologien zum Entzug von Kohlendioxid aus der Atmosphäre und dessen unterirdischer Speicherung notwendig sind. Vor einer solchen Kohlendioxidspeicherung haben wir Deutsche Angst, weshalb sie auch verboten ist. So wie wir aus prinzipieller Ablehnung der Kernenergie für den Ausbau der Offshore-Windenergie sind, aber gegen die Strommasten, die den Strom von den friesischen Küsten in die Ballungsgebiete leiten sollen. Kein Wunder, dass sich die Wahlprogramme der Parteien und die Wählerschaft in ihrer Verdrängungsleistung manchmal gegenseitig übertreffen.

Fazit: Der SPD hat es an faszinierenden Botschaften gefehlt, die eine Eigendynamik hätten entfalten können, weil sie Wähler zu Stellungnahmen provozieren. Ich hätte mich auf drei zentrale Aussagen konzentriert und darüber dann die Funken fliegen lassen, die wiederum auf dem medialen Resonanzboden und in den sozialen Netzwerken für Kommunikation gesorgt hätten. Mir ist klar, dass jeder meiner Vorschläge wie Schlaumeierei wirkt und leicht abgeschmettert werden kann mit dem Hinweis, das alles sei in den Kommandozentralen der SPD strategisch analysiert und demoskopisch beleuchtet worden. Dennoch: Bei dem desaströsen Wahlergebnis der SPD darf man nicht in Deckung bleiben. Die drei zentralen Botschaften wären für mich gewesen:

1. Europa
2. Freiheit im digitalen Kapitalismus
3. der Zusammenhalt der Gesellschaft.

Hätte die SPD auf diese drei Themen gesetzt, dann hätte sie ihre Innovationskraft unter Beweis stellen können und nach meiner Überzeugung ein besseres Ergebnis erzielt. Es sind Themen, die in die Zukunft weisen und mit jedem Tag drängender einer Antwort bedürfen. Deshalb werde ich im Schlusskapitel unter der Frage «Was tun?» ausführlich darauf eingehen.

Das Profil der SPD wurde weder nach der Niederlage 2009 noch nach den Verlusten 2013 geschärft. Die Partei blieb in der Wahrnehmung vieler Wähler mit der Patina eines aufrechten und wackeren, aber nicht sehr spannenden und zukunftsorientierten Vereins überzogen. Der Trigger «Gerechtigkeit» alleine zog nicht, und als Fürsprecher der «Beladenen und Entrechteten» verlor die SPD viel Zuspruch bei der werktätigen Mehrheit, die sich nicht ausreichend berücksichtigt fand.

Der Sinkflug der SPD ist aber nicht allein darauf zurückzuführen. Eine schonungslose Analyse wird sich über programmatische und inhaltliche Fragen hinaus auch – und darin steckt viel Dynamit – mit dem Apparat und den internen «Betriebsabläufen» beschäftigen müssen. Der Ruf nach einem neuen Grundsatzprogramm für den proklamierten Neuanfang ist schön und gut, aber ein neues Programm wird wenig bewegen, solange der Sand im Getriebe nicht beseitigt wird.

Da wäre zum einen die altersmäßige und damit auch habituelle Versteinerung der Partei. Zweitens täuschen alle gebührenden Lobeshymnen auf die Genossinnen und Genossen in den Parteibüros, an den Ständen, auf den Marktplätzen und in den Kulissen von Großveranstaltungen auch nach noch so bitteren Wahlniederlagen nicht über erhebliche organisatorische Schwächen der SPD sowohl in mehreren Regionen beziehungsweise Landesverbänden als auch an der Spitze in der Berliner Parteizentrale hinweg. Drittens unterliegt die Personalaufstellung für Funktionen in der Partei und Mandate in Parlamenten nicht selten undurchsichtigen Klüngeleien von Altfunktionären und parteiinternen Seilschaften. Dabei kommen keineswegs diejenigen zwingend zum Zug, die der Wähler- und Sozialstruktur des jeweiligen Bezirkes oder Wahlkreises am besten entsprechen und die am ehesten die kommunikativen Voraussetzungen erfüllen, die Wähler zu erreichen. Von einer systematischen Personalentwicklung, die jedes halbwegs über die Jahresbilanz hinaus orientierte Unternehmen betreibt, um Talente zu entdecken und zu fördern, kann in der SPD keine Rede sein. Bleibt schließlich festzuhalten, dass die Parteitage der SPD mehr der Bestätigung von manchmal längst überholten Gewissheiten und der Integration von Flügelpositionen zur Wahrung der Geschlossenheit dienen, als dass sie Stoff für das Zeitgespräch mit dem Bürger entwickeln. Formeln, Floskeln und Finten stehen für eine Flucht aus den Realitäten. Frisches Blut, frische Luft und die Einbeziehung nicht-parteikonformer Anschauungen täten gut. Aber ich eile voraus. Zunächst geht es um Anamnese und Diagnose, ehe im abschließenden Kapitel Vorschläge zur Therapie anstehen.

Die SPD gilt als überaltert – und das ist sie auch. 54 Prozent ihrer Mitglieder sind über 60, 73 Prozent über 50 Jahre, demgegenüber nur acht Prozent unter 30 Jahre und 16 Prozent unter 40 Jahre alt. Die Wahlkämpfe werden überwiegend von Jusos getragen, die politisches Engagement und die Lust auf Aktion treibt (selbst wenn frustrierende Ergebnisse eingefahren werden), und von Mitgliedern nahe oder über dem Rentenalter, die aus Pflicht und Loyalität handeln. Die SPD gilt aber auch als altbacken im Sinne von unmodern. «Nirgends ist jugendlicher Flair, Esprit und Pep erkennbar; eine spritzige Ideenwerkstatt ist die Partei schon lange nicht mehr», schreibt Elmar Wiesendahl. Das gilt auch für jenen Teil des Juso-Bundesvorstandes, der sich in einem unverbildeten Sozialismus zu profilieren sucht und darüber alte ideologische Grabenkämpfe nachstellt, statt Schneisen für die Zukunftsinteressen seiner Generation zu entwickeln. Bei einer Wahl an 3400 Schulen mit fast 960 000 Wahlberechtigten wählten 27 Prozent die CDU/CSU, 19,3 Prozent die SPD und 17,9 Prozent die Grünen. Als einzige Partei verlor die SPD gegenüber 2013, minus 2,9 Prozent. Bei einer Befragung von 220 000 Jugendlichen unter 18 Jahren erzielte die CDU/CSU 28,5 Prozent, die SPD 19,8 Prozent und die Grünen 16,6 Prozent.

Die überalterte Funktionselite steht für den Strukturkonservatismus der SPD. Sie singt zwar in ihrem Parteilied «Wann wir schreiten Seit' an Seit'» die Liedzeile «Mit uns zieht die neue Zeit». Aber sie folgt ihr nicht mehr – weder die Partei der neuen Zeit noch die neue Zeit der Partei. Es ist absolut unverständlich, warum die Welle von fast 23 000 Parteieintritten in den Monaten nach der Nominierung von Martin Schulz nicht in politische Energie übersetzt werden konnte. 40 Prozent dieser Neumitglieder sollen jünger als 35 Jahre sein! Aber ihre hohe Motivation fand in den Organisationen offenbar nirgendwo einen Mentor, der diese Bereitschaft zum politischen Engagement aktivieren und in eine sicht- und hörbare Bewegung à la «En Marche» von Emmanuel Macron hätte überführen können. So blieb der Eindruck einer sehr leisen Verpuffung.

Wenn sie nicht nur punktuell und inszeniert auf jüngere Generationen zugehen will, wird meine Partei sich für feste Beteiligungs- und Mitsprachemöglichkeiten öffnen müssen, ohne potenziellen Interessenten gleich ein Beitrittsformular vor die Nase zu halten. Generationsrelevante politische Initiativen und

Konzepte sollten nicht mehr ohne Angebote an Blogger, You-Tuber und ähnliche Plattformen sowie Jugendverbände entwickelt werden. Die Präsenz und Kommunikationsfähigkeit auf gleicher sprachlicher Ebene und technischem Niveau sollten dabei denjenigen überlassen werden, die das können – also nicht sozialdemokratischen Opas wie mir. Soweit auf den unteren Organisationsebenen mit den Parteimitgliedern online diskutiert wird, kommt es auf Dichte und Qualität an, damit eingehende Nachrichten nicht als Spam weggedrückt werden. Natürlich wird es auch darum gehen müssen, den Altersdurchschnitt nicht nur in der Mitgliederstruktur, sondern insbesondere auch in der Funktionselite der SPD deutlich zu senken, zumal Platzhirsche in der Organisationsstruktur der SPD eine geringere Ausstrahlungs- und Anziehungskraft für den Nachwuchs haben als jüngere Mandats- und Funktionsträger.

Aber die SPD wird nicht nur jungen Leuten flächendeckend neue Angebote zur Mitwirkung an der politischen Gestaltung machen müssen. Ihr fehlen auch Facharbeiter, Mittelständler, Frauen. Will sie das Gütesiegel «Volkspartei» wieder neu aufladen, wird sie diese Gruppen in ihrer parlamentarischen Breite abbilden müssen. Auch sollte sie die Prinzipien ihrer Personalaufstellung ändern: Nicht wer die Gunst von Parteitagen erobert, sollte nominiert werden, sondern wer dem Wähler imponiert. Rainer Barzel, Parteivorsitzender der CDU und Vorsitzender der Unionsfraktion im Bundestag in den frühen siebziger Jahren, sagte einmal: Wer nicht 30 Prozent seiner Partei gegen sich hat, der taugt nichts. Mehr praktische Berufserfahrung als Erfahrung im Apparat oder im öffentlichen Dienst, mehr Präsenz in gesellschaftlichen Organisationen und Vereinen als in Parteigremien und Hinterzimmern: Meine Wunschliste ließe sich fortsetzen. Wenn aber die Mühlen der SPD weiter so langsam mahlen, wird es so bald kein überzeugendes Personalangebot mehr geben.

Ich hielte es im Übrigen für eine Belebung der Partei und für eine Motivation der Mitglieder, wenn 20 Prozent der Delegierten auf Landesparteitagen und Bundesparteitagen nach dem Zufallsprinzip aus der Mitte der Mitglieder berufen würden und im Falle einer konkurrierenden Bewerbung um ein parlamentarisches Mandat in jedem Fall die Mitglieder des jeweiligen Wahlkreises schriftlich oder elektronisch abstimmten.

Schließlich ist eine umfängliche Reorganisation der SPD einschließlich einer Remedur in der Berliner Parteizentrale erforderlich. Eine solche Reorganisation ist zuvorderst Aufgabe des Parteivorsitzenden zusammen mit dem Generalsekretär. Ich kann und will mich nicht zum Organisationsexperten der SPD aufschwingen. Aber auch wenn ich mit Blick auf die Parteizentrale in Berlin möglicherweise als befangen gelte, sagen mir meine einschlägigen Erfahrungen, die durch diverse Berichte bestätigt werden, dass hier eine der größten Baustellen liegt. Der Fisch stinkt bekanntlich vom Kopf. Was nützt ein neues Grundsatzprogramm, wenn es nicht transportiert und gelebt werden kann, weil das Arteriensystem der Partei verstopft ist? Insofern teile ich explizit nicht die Meinung von Olaf Scholz, dass die Klage über Organisationsmängel zu den Ausflüchten über die Schwäche der SPD gehört.

Der Schleier, der seit Jahren über der Organisationsfähigkeit und dem Selbstverständnis des Willy-Brandt-Hauses (WBH) liegt, ist zu lüften. Die Parteizentrale in Berlin blättert im Wesentlichen in den Fotoalben vergangener Zeiten und bedarf einer massiven Professionalisierung. Wichtige Mitarbeiter sind in den letzten Jahren entweder gegangen oder gegangen worden. Ich habe den Eindruck, dass sich das WBH mit Ausnahme seiner internationalen Abteilung in einem großen Echoraum befindet und gegenüber anderen Parteizentralen in seiner Kampagnenfähigkeit erhebliche Defizite aufweist. Es bedarf dringend neuer Leute mit frischem Schwung, die sich um neue Kommunikationsformen, Beteiligungsformate für Mitglieder (und interessierte Nicht-Mitglieder), das Aufspüren neuer Ideen außerhalb des Parteiradius, die gezielte Ansprache und Betreuung (!) der jungen Generation, den Dialog mit sozialen Medien, den Kontakt zu gesellschaftlichen Organisationen und Vereinen sowie um die kreative Entwicklung neuer Veranstaltungsformate kümmern. Das wird massiver Unterstützung und eines starken Rückhaltes durch die Parteispitze bedürfen, denn alle, die eine solche Renovierung betreiben, werden erheblichen Beharrungskräften ausgesetzt sein.

Bundesweit springt einen die organisatorische Schwäche geradezu an, wenn man diejenigen Bundesländer insbesondere im Süden und Osten Deutschlands betrachtet, in denen die SPD bei Bundes- und Landtagswahlen teils deutlich unter 18 Prozent erzielt. Man kann sicher trefflich darüber streiten, ob diese Schwäche die Folge verlorener Wahlen mit einer entsprechenden Auszehrung in der Fläche oder umgekehrt die Ursache von Wahlniederlagen ist, wobei die SPD in all diesen Ländern schon einmal deutlich bessere Ergebnisse erzielt hat. Selbst in meinem früheren Bundestagswahlkreis Mettmann-Süd zwischen Düsseldorf und Leverkusen war zu beobachten, wie ein ganzer Ortsverein buchstäblich in sich zusammenfiel: In der Stadt Monheim wurde die Bürgermeisterwahl in der zweiten Hälfte der neunziger Jahre mit 50 Prozent gewonnen, zwanzig Jahre später landete die SPD dort bei neun Prozent.

Ein Kritiker rechnete mir einmal vor, dass es eigentlich nur noch drei intakte und schlagkräftige Landesverbände der SPD gebe. Natürlich spielen der Mitgliederschwund und die Überalterung bei solchen Entwicklungen eine nicht unwesentliche Rolle. Aber ohne das Eingeständnis, dass ein Übermaß an Selbstzufriedenheit, der Kontaktabriss zum Wähler, Verkrustungen, Qualitätsmängel in der politischen Arbeit und in manchen Fällen auch die Dürftigkeit des personellen Angebots ebenfalls ursächlich waren und sind, wäre die Aufzählung wohl nicht vollständig.

Die Parteiführung wird viel Kraft und Konfliktbereitschaft aufbringen müssen, angesichts dieser Organisationsschwächen und der Defizite in der Personalentwicklung in nicht wenigen Ländern Druck auf Landesverbände und Parteibezirke auszuüben. Das kann deren Autonomie in Frage stellen. Aber wenn die SPD bei Landtags- und Bundestagswahlen in bestimmten Ländern deutlich unter 18 Prozent fällt, kann dort nicht alles so bleiben, wie es ist.

Nach meinen ambivalenten Erfahrungen als Kanzlerkandidat mit Sitz im WBH 2012/2013 bin ich möglicherweise voreingenommen und als Zeuge nicht tauglich. Ich will mich bemühen, fair zu sein. In einem Satz zusammengefasst, lautet mein Urteil: Es darf nie wieder der Fehler passieren, dass der Kanzlerkandidat der SPD nicht identisch ist mit dem Parteivorsitzenden. Dies sagte ich auch Martin Schulz in einem kurzen Gespräch, das Wochen vor der Entscheidung Sigmar Gabriels lag, auf eine Kanzlerkandidatur zu verzichten. Wenn er an einer Spitzenkandidatur Interesse hätte, müsse dies seine Bedingung sein. So kam es dann auch, leider ohne durchschlagenden Effekt. Bleibt vorsichtshalber der Lachsalve zu begegnen, ich selbst hätte mich je für einen geeigneten Parteivorsitzenden gehalten. Das war ich nicht, und das weiß ich.

Mir stehen bis heute die Reibungen zwischen Parteivorsitzendem und Kanzlerkandidaten vor Augen, die meinen Wahlkampf belastet haben und die Mitte Juni 2013 zu einer schweren Auseinandersetzung zwischen Sigmar Gabriel und mir führten. Einzelheiten gehen nur uns beide an, und unsere Temperamente haben sich auch wieder beruhigt und zusammengefunden. Ähnliche Erfahrungen hatte im Übrigen auch schon Frank-Walter Steinmeier in seinem Wahlkampf 2009 gemacht. Zwar war er nicht persönlich mit dem damaligen Parteivorsitzenden Franz Müntefering über Kreuz geraten, aber auch sein Wahlkampf war nicht frei von Einflussnahmen und Einflüsterungen, die nicht zu ihm passten.

Obwohl Martin Schulz beide Ämter in sich vereinte, wurden auch im Wahlkampf 2017 immer wieder Zweifel geschürt, wo eigentlich das Machtzentrum der SPD lag. Dazu trugen auch Äußerungen Sigmar Gabriels bei. Der Außenminister bestimmte jedenfalls mit Schlagzeilen den Wahlkampf und das Bild der SPD von der Nominierung des Kanzlerkandidaten bis zum Schluss weitgehend mit. Die Aufwartung von Martin Schulz im Auswärtigen Amt Mitte Juni versinnbildlichte die Frage, wer im Wahlkampf der SPD eigentlich Herr des Verfahrens war.

Bei Umfrageergebnissen von 21 bis 24 Prozent ab Anfang Juni 2017 war klar, dass Martin Schulz nicht ins Kanzleramt kommen würde. Nach außen mussten jedoch alle an diesem Wahlziel festhalten und jeden Selbstzweifel unterdrücken, weil das Wahlkampfthermometer sonst noch weiter nach unten gerauscht wäre und die politischen Moleküle der SPD eingefroren wären. Aus den Umfragewerten ergab sich aber unabweisbar die Frage, ob die SPD nach 2005 und 2013 ein drittes Mal in einer großen Koalition die Juniorrolle übernehmen würde. Vor einer

Antwort auf diese Frage versteckten sich alle, weil damit der Zweckoptimismus, das Kanzleramt zu erreichen, in sich zusammengefallen wäre. Nur Sigmar Gabriel nahm sich vier Wochen vor der Wahl die Freiheit zu sagen, dass Martin Schulz im Falle einer großen Koalition «einpacken» könne, weil er «da nicht Kanzler» werde – und legte damit den Finger in die Wunde.

Tatsächlich war die Bemerkung in dem Sinne trivial, dass Martin Schulz nur Bundeskanzler werden konnte, wenn es ihm gelang, Angela Merkel abzulösen – und das war Ende August 2017 denkbar unwahrscheinlich. Insofern schien das Interview von Sigmar Gabriel der hochschlagenden Erregung nicht wert. Aber es berührte natürlich das Prärogativ des Spitzenkandidaten, strategische Optionen vorzulegen.

In den Medien wurden die kontrafaktischen Beschwörungen eines Machtwechsels durch die SPD ironisch kommentiert, bestenfalls belächelt und als das verstanden, was sie waren: als ein Ausweichen vor der eigentlichen strategischen Frage nach einer Fortsetzung der großen Koalition. Aber hätte die Partei ihre Autosuggestion, Angela Merkel ablösen zu können, aufgegeben, wäre sie von denselben Journalisten gnadenlos auf Talfahrt geschickt worden. Die SPD befindet sich in dem unauflösbaren Dilemma, sich einerseits in einem veränderten Wählerumfeld behaupten, andererseits als Volkspartei an ihrem Anspruch festhalten zu müssen, das Kanzleramt zu übernehmen.

Ein erfolgreicher Wahlkampf bedarf zentraler, mitreißender Botschaften, die beim Wähler ein Echo finden. Diese Botschaften müssen dem Kandidaten auf den Leib geschneidert sein. Ihm oder ihr sind dann in alleiniger Autorität die Grundsatzentscheidungen des Wahlkampfs zu überlassen. Wesentliche Voraussetzung für den Erfolg eines Wahlkampfes ist freilich ein spitzenmäßig organisierter Apparat. Zur Organisationsstruktur der SPD erlaube ich mir im Folgenden ein paar Anmerkungen. Nichtparteimitglieder können diese wenigen Seiten getrost überschlagen; dasselbe empfehle ich allerdings auch denjenigen unter den Genossen, die allzu empfindlich sind.

Ich erinnere mich gut, wie blank die personelle und sachliche Ausstattung war, als ich 2012 von meinem Abgeordnetenbüro im Deutschen Bundestag ins WBH zog, wo die Wahlkampfzentrale der SPD traditionell ihren Sitz hat. Unvergesslich auch die Immunreaktion des Apparates gegen die wenigen Mitarbeiter, die ich mitbrachte und ohne die ich buchstäblich versackt wäre. Der reflexartige Verbiss von Quereinsteigern ließ vermuten, dass sie nahezu als Gefahr wahrgenommen wurden. Offenbar fürchtete man, dass sie den Schwachstellen des Apparates auf die Spur kommen und dessen Kreise stören könnten. Allen meinen persönlichen Mitarbeitern, die nicht aus dem Parteiapparat kamen, wurde bedeutet, dass sie von Wahlkampf keine Ahnung hätten und nur als Fremdkörper auf Zeit geduldet seien.

Die Tendenz, den Kandidaten auch um den Preis seiner Selbstentfremdung der Logik des Wahlkampfapparates zu unterwerfen, war überall spürbar. Manchmal kam ich mir vor wie Gulliver, der von tausend Zwergen am Strand gefesselt wurde. Die süffisanten Bemerkungen Dritter in sogenannten vertraulichen Gesprächen mit Journalisten erreichten mich früher oder später – und weckten das Bild einer Schlangengrube. Der Personalrat des WBH hatte die Chuzpe, kurz vor Beginn der heißen Phase des Wahlkampfes die Mitarbeiter aufzufordern, doch bitte ihren Resturlaub zu nehmen. Er hatte auch ansonsten ein bemerkenswert anderes Verständnis von der Dynamik eines Wahlkampfes als diejenigen, denen im Maschinenraum der Schweiß von der Stirn floss. Im Übrigen war der menschliche

Umgang mit einigen Leistungsträgern, die ich im WBH kennenlernte, nach der Bundestagswahl keine Zier für eine sozialdemokratische Partei.

Vielleicht handelte es sich ja um eine einmalige Konstellation, sagte ich mir hinterher, die eventuell auch mir als «Fallschirm»-Kandidaten geschuldet war. Aber dann las ich vier Jahre später die Reportage des *Spiegel*-Reporters Markus Feldenkirchen aus dem Inneren der Kampagne von Martin Schulz – und mir klingelten die Ohren (weil ich laut gelesen habe). Da ist vom Apparat die Rede, in dem nichts für ihn vorbereitet war, von festgezurrten Strukturen und Abläufen, denen er sich anpassen musste, von fehlenden personellen Ressourcen – also von exakt denselben Geburtsfehlern wie zur Zeit meiner Nominierung zum Kanzlerkandidaten 2012/2013. Da werden die Oberbedenkenträger beschrieben, die Martin Schulz umzingeln und ihn immer weiter von sich selbst entfernen und verfremden: «Das kannst du so oder so nicht sagen, weil …»

Bleibt die berechtigte Frage, warum Martin Schulz als Kanzlerkandidat (und ich vier Jahre zuvor) dagegen nicht rechtzeitig revoltierte. Die Antwort lautet: um des Fetischs der Geschlossenheit willen. Martin Schulz war immerhin, anders als ich, Kanzlerkandidat und Parteivorsitzender in einer Person. Wenigstens dieser Fehler wurde nicht wiederholt. Er hatte nach einer hundertprozentigen Wahl zum Kanzlerkandidaten und Parteivorsitzenden doch eine nicht zu übertreffende Legitimation, das WBH nach seinen Vorstellungen umzukrempeln, sich nach Anzahl und Qualifikation die notwendige personelle Unterstützung zu verschaffen, die Landesverbände auf seinen Taktstock zu verpflichten und vor allem seine eigenen Akzente zu setzen. Er brauchte einem Parteivorstand oder einem Parteitag der SPD nicht abzuverlangen: «Sire, geben Sie Beinfreiheit!»

Was die Organisationsfähigkeiten des WBH betrifft, verweise ich auf die diversen Pannen der Rallye 2017. Haften geblieben sind mir der Besuch des Spitzenkandidaten in einer schleswig-holsteinischen Fischfabrik im Outfit eines Psychiatrieinsassen, während am selben Tag Angela Merkel beim G20-Frauengipfel in Berlin glänzte, zeitlich falsch gesetzte und deshalb verpuffende Grundsatzreden oder der verkorkste Presseauftritt zur Vorstellung des Wahlprogramms der SPD Ende Mai 2017. Eine Reihe von Bundestagskandidaten der SPD versicherte mir, dass sie in diesem Wahlkampf allein auf ihre eigene Stärke und den Einsatz ihres Wahlkampfteams vertrauten und sich von der Flut der Zulieferungen und Weissagungen des WBH vollkommen abkoppelten. Es war erschreckend zu beobachten, wie darüber der gelungene Start eines zunächst faszinierenden, weil unverstellten und gradlinigen Politikertyps wie Martin Schulz vergeigt worden ist.

Die Parteizentrale erscheint organisatorisch und kulturell noch immer im 20. Jahrhundert verhaftet. Von der Erbmasse wechselnder Parteivorsitzender belastet, hängt sie überholten Rezepturen an, unfähig, aus verlorenen Bundestagswahlkämpfen die nötigen Konsequenzen zu ziehen. An den Erfahrungen von Frontkämpfern der Jahre 2009 und 2013 bestand jedenfalls kein Interesse. Offensichtlich ebenso wenig am Rat aus Nachbarländern. So schilderte mir bei einem Besuch in Den Haag eine frühere sozialdemokratische Europa-Abgeordnete, dass sie einem stellvertretenden Vorsitzenden der SPD angeboten habe, die Erfahrungen ihrer Partei im Umgang mit der rechtsradikalen Partei von Geert Wilders zur Verfügung zu stellen. Sie fühlte sich geradezu brüsk abgewiesen nach dem Motto «das wissen wir selber».

Es ist eine Binsenweisheit, dass ein Zusammenhang besteht

zwischen Organisationskraft und Personalausstattung beziehungsweise Personalbesetzung mit geeigneten Leuten. Meine Erfahrung ist, dass die Geschäftsführer in den organisatorischen Gliederungen der SPD zumeist sehr tüchtig sind und sich ein Bein ausreißen. In nicht wenigen Fällen halte ich sie für die besseren politischen Repräsentanten der SPD als manchen gewählten Vertreter. Sie kämpfen gegen den Attentismus von Parteimitgliedern und sich auflösende Ortsvereine. In dem routinemäßigen Dank nach Wahlen an die Mitglieder geht unter, dass die Kampagnen vor Ort meistens von denselben kleinen bewundernswürdigen Gruppen von Aktivisten hinter der jeweiligen Kandidatin oder dem Kandidaten gestemmt werden.

Solange jedoch die Tendenz andauert, diejenigen Frauen und Männer auf der öffentlichen Bühne zu präsentieren, die zwar den innerparteilichen Reinheitstest bestehen, weil sie den sozialdemokratischen Kodex perfekt aufsagen können (am besten antirassistisch, antiamerikanisch, antikapitalistisch, pazifistisch, feministisch und kritisch gegen die eigenen Spitzenleute), aber zur Sozial- und Wählerstruktur des jeweiligen Wahlkreises so gut passen wie ich zum Ballett, muss man sich nicht wundern, wenn das auf Dauer schiefgeht und zu einer Demobilisierung der einfachen Parteimitglieder und zur Abwanderung von Wählern führt.

Es gibt Landesverbände, die mit einem politischen Personal, das höchst gesinnungsstark ist, aber höchst wirkungsschwach rüberkommt, nicht erst seit gestern erbarmungswürdige Wahlergebnisse erzielen. Im Parteivorstand, in der SPD-Bundestagsfraktion oder auf einem Bundesparteitag erheben gerade diese Landesverbände oder Landesgruppen nicht selten einen personellen und richtungweisenden Anspruch, der in einem umgekehrt proportionalen Verhältnis zu ihrer politischen Wirkungskraft zu Hause steht. Manchmal fühlt man sich wie in einem Raumschiff. Da werden immer wieder die gleichen Kandidaten für den Bundestag oder auch für die Landtage aufgestellt, obwohl sie auf der Erde mehrfach ein Erststimmen-Ergebnis eingefahren haben, das nur noch mit dem Opernglas erkennbar war und in einem merkwürdigen Missverhältnis zum Zweitstimmen-Ergebnis der Partei stand.

Dagegen werden junge Bundestagsabgeordnete der SPD, die in einer Legislaturperiode gute Arbeit leisteten, sich nicht auf Kosten der Fraktions- oder Parteiführung zu Hause profilierten, erkennbares Entwicklungspotenzial aufweisen und in ihren Wahlkreisen über den eigenen Stall hinaus Zustimmung fanden, manchmal buchstäblich abserviert. In einem Mauschelprozess zwischen Vertretern des Landesvorstandes, regionalen Statthaltern und Mitgliedern einer selbsternannten sozialdemokratischen Glaubenskongregation verbannt man sie auf einen chancenlosen Listenplatz. Beliebt machen sich Abgeordnete, wenn sie sich in den Gremien ihres Wahlkreises, von denen sie wieder aufgestellt und auf der Landesliste abgesichert werden wollen, damit herausputzen, wie häufig sie in der letzten Legislaturperiode im Bundestag gegen die eigene Fraktion gestimmt, also dem Fraktionsestablishment in den Hintern getreten haben, was aber verletzungs- und risikofrei für sie war, weil die Mehrheit ohnehin stand.

Wie wenig der innerparteiliche Eignungstest für eine Kandidatur mit dem Ernstfall der Politik – dem Test einer Wahl – zu tun hat, wurde mir schon in meiner schleswig-holsteinischen Zeit bewusst. In einem ländlich-kleinstädtischen und wohlhabenden Landkreis trat eine rhetorisch versierte, kultiviert auftretende Frau aus der politischen Landesverwaltung gegen eine meinungsstarke, milieubewusste Frau aus der Gewerkschaftsbewegung an. Die Partei entschied sich für Letztere. Der Wahlkreis, den die SPD vier Jahre zuvor gewonnen hatte, ging verloren.

Einen besonderen Grad an Ablehnung erfahren Frauen und Männer, die bereit sind, sich mit ihren Fähigkeiten und Erfahrungen in der SPD zu engagieren, ohne die berühmte Ochsentour absolviert zu haben und ohne sich um ein Mandat zu bewerben. In dem sogenannten Kompetenzteam meines Wahlkampfes 2013 gab es eine Reihe solcher Frauen und Männer. Darunter eine junge Frau, die schon damals als ausgewiesene Expertin für Digitalisierung und Design sehr gefragt war, eine Frau mit türkischem Hintergrund, die im Bereich der Bildungsökonomie viel anzubieten hatte, und ein Mann, der in der Kulturszene vernetzt und fachlich anerkannt war. Die SPD war schlicht unfähig, solche Persönlichkeiten mit ihrem Sachverstand einzubinden. Auch hier lasse ich den Einwand, dies seien Einzelbeispiele, die man tunlichst nicht verallgemeinern sollte, nicht gelten. Ich bin überzeugt, dass sie eine Tendenz aufzeigen, die von anderen bestätigt werden kann.

Jedes Unternehmen betreibt heutzutage eine professionelle Personaleinstellung und Personalentwicklung. Es pflegt seine «Human Resources» und fördert den Aufstieg junger Mitarbeiter in einer langfristigen Perspektive. Ein solches Konzept der Personalentwicklung und -förderung kennt die SPD nicht. Der einzige Versuch, der mir allerdings als höchst erfolgreich in Erinnerung geblieben ist, war die Einrichtung der sogenannten Kommunalakademien durch den damaligen Generalsekretär Franz Müntefering. Dort trafen sich erstmalig um die Jahrhundertwende junge Frauen und Männer mit ersten Erfahrungen in der Kommunalpolitik und erhielten in Wochenendseminaren «politischen Unterricht» und Anleitungen. In der entsprechenden Einrichtung Nordrhein-Westfalens lernte ich viele von ihnen kennen, die im Zuge der weiteren Förderung politische Karriere machten und heute mit Ende dreißig, Anfang vierzig in Landtagen und im Bundestag den unverzichtbaren Nachwuchs bilden.

Meinen ersten Bundesparteitag der SPD erlebte ich als Gast und persönlicher Referent eines Bundesministers Ende der siebziger Jahre. Seitdem hat sich an den Inszenierungen choreografisch wenig und im Ablauf kaum etwas geändert: Einzug des Matadors unter der Melodie von «Chariots of Fire» o.ä. und Klatschmarsch der Delegierten; Vorwärmung durch Rede eines stellvertretenden Vorsitzenden, Landesfürsten und/oder Gewerkschafters; nahezu zweistündige Rede des Matadors; anschließend erheben sich die Delegierten von den Plätzen, und ein Beifallssturm braust durch die Halle, der von den Medienvertretern und dem Tagungsbüro auf die Sekunde gemessen wird; danach Auszug fast aller Delegierten, wohin immer menschliche Bedürfnisse sie führen; später Reden von allen, die unbedingt etwas sagen müssen, um in den Parteivorstand (wieder-) gewählt zu werden, oder weil sie wichtig sind; manchmal ein prominenter Gastredner aus der sozialdemokratischen Großfamilie, aber nach meiner Erinnerung nie ein «Provokateur»; Unterbrechung durch den Parteiabend; im weiteren Verlauf – mit leichten Kopfschmerzen – die Beratung von tausend Anträgen und Änderungsanträgen bis ins dritte Tiret, von denen 90 Prozent eine innerparteiliche Halbwertzeit von 24 Stunden aufweisen und 99 Prozent die Öffentlichkeit nicht erreichen, was aber nichts macht, weil es diese auch nicht interessiert, oder sogar gut ist, weil es sie nur verstören würde; Glättung kontroverser Positionen zwischen den Flügeln der Partei durch geübte Coaches, meist in Person des Vorsitzenden der Antragskommission, oder durch einen Appell des Vorsitzenden an die Geschlossenheit der Partei; im Zweifel erfolgt die Glättung durch Formelkompromisse oder Überweisung an den Parteivorstand beziehungsweise die Bundestagsfraktion, wo die Texte erst mal verstaut werden; dann Zustimmung zu nahezu allen Anträgen in der Fassung der Antragskommission – von einigen allerdings mit gekreuzten Fingern hinter dem Rücken in dem Ansinnen, die Beschlusslage alsbald zu relativieren oder auszuhebeln; zwischendurch ist auch ein kleiner Rebellionsakt der Parteitagsdelegierten gegen den Parteivorstand üblich, indem ein oder zwei Anträge abgeschmettert oder Veränderungen durchgesetzt werden; Seitengespräche und Bildung von Koalitionen zwischen den Sprechern von Landesgruppen und Parteiflügeln in Vorbereitung auf Vorstandswahlen nach dem Motto: Unterstützt du meine Tante, stütze ich deine, bestraft ihr unseren Onkel, bestrafen wir euren; die anschließenden Wahlergebnisse zum Parteivorstand drücken keine Kompetenzzuweisung aus, sondern bilden gleichsam eine Rangfolge im sozialdemokratischen Gefühlshaushalt ab; ein Minister oder Generalsekretär der Partei mit einer klaren Grammatik des Wortes und allzu viel Realitätsnähe kann schon mal mit Liebesentzug bestraft werden; am Rande diverse Hintergrundgespräche mit Journalisten, immer bedeutungsvoll, manchmal abfällig über andere; harmonisches Schlusswort des Vorsitzenden und Fazit über einen wichtigen Parteitag, der den Weg in eine erfolgreiche Zukunft bahnt; Schlusslied «Wann wir schreiten Seit' an Seit'», in Nordrhein-Westfalen mindestens drei Strophen von «Glück auf, der Steiger kommt».

An anderer Stelle habe ich das Festhalten an Traditionen durchaus einen Stabilitätsanker für Gesellschaft und Organisationen genannt. Deshalb hier zur Klarstellung: Es ist nicht meine Absicht, alle Traditionen der SPD über Bord zu kippen. Aber das entlastet nicht von der Frage, ob die herkömmliche Dramaturgie ihrer Parteitage ihr hilft, wieder mehr Aufmerksamkeit beim Wähler zu finden und die innovative Kraft zur notwendigen Erneuerung hervorzubringen. Ich habe meine Zweifel.

Die SPD war in den beiden großen Koalitionen seit 2005 ein verlässlicher Partner. Sie arbeitete fleißig und solide und stellte in beiden Kabinetten definitiv nicht den schwächeren Teil des Personals. Sie zeichnete sich durch mehr Initiativkraft aus als der Seniorpartner CDU/CSU und erzielte aus ihrer Juniorrolle erstaunliche Erfolge. Die SPD-Bundestagsfraktion verfügte über hervorragende Fachleute, und an schlüssigen politischen Konzepten gab es keinen Mangel.

Trotzdem hinkte die SPD mit ihrem Kompetenzprofil der Union auf den meisten Politikfeldern teilweise deutlich hinterher. Selbst in ihrem angestammten Metier der Sozial- und Arbeitsmarktpolitik ist der Platzvorteil gegenüber der Union längst nicht mehr so ausgeprägt wie früher, während sie bei der Wirtschafts- und Finanzpolitik – wie auch auf dem aktuell brisanten Feld der inneren Sicherheit – im direkten Vergleich nach wie vor schlecht abschneidet. Daran haben auch die Gründung eines SPD-Wirtschaftsforums nach der Bundestagswahl 2013 und die anerkannte Arbeit von Sigmar Gabriel und Brigitte Zypries im Bundeswirtschaftsministerium nichts geändert.

Mein Eindruck ist, dass sich Bundesminister und -ministerinnen, tüchtige Regierungsmitglieder in den Ländern, Sprecher in der SPD-Bundestagsfraktion sowie generell ausgewiesene Fachleute der Partei noch so kompetent einlassen, um nicht zu sagen abstrampeln können, an der Wahlurne wirkt sich das nicht aus. Das liegt nicht an mangelndem Sachverstand, im Gegenteil, viele SPD-Experten finden über die Grenze der Partei hinaus hohe Anerkennung, manchmal sogar mehr als in den eigenen Reihen. Aber viele nehmen die SPD als eine inkonsistente, nicht zusammenpassende Partei wahr – aufgespalten in eine Regierungs-SPD und eine Partei-SPD.

Vor allem wird der SPD nach wie vor ein gespaltenes Verhältnis zum Unternehmensgeist und zum Unternehmertum zugeschrieben. Sie sei mehr an Risiken als an Chancen orientiert, heißt es, mehr auf Bestandsschutz als auf Ermöglichung gerichtet. Mehr auf den ausbeutenden Kapitalisten als auf den unternehmenden Unternehmer und Existenzgründer fixiert. Ihr Held ist in der Tat nicht der Minister, Oberbürgermeister oder Landrat mit einem pragmatischen Verständnis und wirtschaftlichem Sachverstand, sondern der Idealist auf dem Parteitag. Weshalb sich nicht wenige tüchtige SPD-Bürgermeister und -Landräte auf den Landesparteitagen und in entsprechend gewirkten Landesvorständen auch kaum sehen lassen, geschweige denn Parteifunktionen anstreben. Dabei läge eine Reorganisation der SPD nahe, die von der kommunalen Ebene ausgeht, mindestens jedoch die Erfahrungen und die Expertise ihrer Kommunalpolitiker nutzt.

Hinzu kommt eine in den letzten Jahren stärker werdende gesinnungsethisch fundierte Haltung innerhalb der Partei. Dies hat dazu geführt, dass sich amtierende Sozialdemokraten auf Parteitagen nicht selten einer «loony left», wie es im Englischen heißt, also einer «verrückten Linken» erwehren mussten, um Schlimmeres in den Beschlüssen zu verhindern. Da sollten schon mal Belastungsgrenzen für die Wirtschaft ausgelotet, Marktprozesse ausgehebelt, eine prohibitive Besteuerung erlassen, technologische Such- und Findungsprozesse nahezu unterbunden oder erstickende bürokratische Regeln verabschiedet werden, ohne dass die Auswirkungen auf die Wettbewerbs- und Innovationsfähigkeit des Standortes Deutschland, auf Investitionen und Arbeitsplätze oder auf Staatseinnahmen und den Staatapparat reflektiert wurden. Das mag letztendlich nicht Eingang in die praktische Politik der SPD gefunden haben. Dennoch sind Befürchtungen nicht einfach vom Tisch zu wischen, dass auch standhafte Amts- und Mandatsträger der SPD, durch Parteitagsbeschlüsse eingemauert oder durch Richtlinien aus Führungsgremien verunsichert, in ökonomische Irrationalismen getrieben werden könnten.

Ein gutes Beispiel dafür, dass auf einem Parteitag Beschlüsse gefasst werden, die in einem Rechts-Links-Muster nicht selten Formelkompromisse oder Verschiebeverfügungen für Kommissionen sind, bot zuletzt der Wahlprogrammparteitag der SPD Ende Juni 2017 mit den Beschlüssen zur Einsetzung von Kommissionen, welche die Wiedereinführung der Vermögenssteuer und eine deutliche Erhöhung des Rentenniveaus prüfen sollten. Die Vermögenssteuer ist ein politischer Zombie in den Reihen der SPD, der regelmäßig von der Kette gelassen wird. Abgesehen von rechtlichen und praktischen Hürden, auf die hinzuweisen man sich den Vorwurf der Abtrünnigkeit oder sinngemäß des Ketzertums einfangen kann, dauert dieser «Prüfungsprozess» der SPD nun schon mindestens 15 Jahre. 2002 beauftragte nämlich Gerhard Schröder als Bundeskanzler Sigmar Gabriel und mich als Ministerpräsidenten mit einer solchen Prüfung, ehe er uns in weiser Voraussicht, dass dies ein gefährlicher Blindgänger für die SPD werden könnte, ohne Vorwarnung über ein Fernsehinterview den Teppich unter den Füßen wegzog. 2013 trat ich auf Drängen der Parteilinken – und ich gestehe: gegen meine Überzeugung – mit der Wiedereinführung der Vermögenssteuer an, was nachweislich nicht verfing.

Eine deutliche Erhöhung des Rentenniveaus ist nur über eine deutliche Erhöhung der Steuer- und Abgabenlast insbesondere für nachfolgende Generationen zu erreichen. Aber das sagt kaum jemand oder nur sehr leise. Die SPD will Ruhe im Karton. Es fehlt ihr an Kraft, von der Spitze her den Fetisch der Vermögenssteuer zu begraben und die Implikationen einer deutlichen Erhöhung des Rentenniveaus klar beim Namen zu nennen.

Die Tendenz der Parteiführung, es allen Strömungen der SPD recht machen zu wollen, obwohl man weiß, dass sich vieles davon gar nicht realisieren lässt und weite Teile der Wählerschaft es auch nicht für bekömmlich halten, ist ein wesentlicher Grund für die mangelnde Kompetenzzuweisung trotz einer guten Regierungsarbeit. Die Wähler haben, wie gesagt, das Bild von zwei Parteien vor Augen, die nicht deckungsgleich sind. Die Regierungs-SPD steht im öffentlichen Leistungsvergleich mit der CDU/CSU recht gut dar, was in manchen Fällen allerdings auch keine Kunst ist. Die Partei-SPD hingegen wird misstrauisch ob eventueller Irrungen und Wirrungen vermessen.

Die SPD erscheint insgesamt als eine ewige Auseinandersetzung, in der ein verantwortungsethisch orientierter Flügel und ein gesinnungsethisch gestimmter Flügel miteinander ringen und über die dabei mühsam erzielten Formelkompromisse in einen Zustand der permanenten Unzufriedenheit mit sich selbst fallen. Als ich in diesem Zusammenhang einmal von den Heulsusen sprach, war der Teufel los.

Das spiegelt sich auch in dem verkrampften Umgang mit den eigenen Leistungen wider. Erfolge werden unterwertig kommuniziert oder sogar deklassiert, weil sie einer Ideallinie nicht entsprechen. Kompromisse, auch wenn sie eine starke sozialdemo-kratische Handschrift tragen, werden kritisiert, weil eine hundertprozentige Position nicht durchgesetzt werden konnte. Das Wasserglas ist meistens halbleer statt halbvoll. Oder anders gesagt: Die SPD steht sich selbst im Weg. Das hält Wähler ab, ihr Vertrauen zu schenken. Warum sollen sie einer Partei vertrauen, die sich nicht einmal selbst vertraut? Solange die SPD dieses Bild auch noch stilisiert, wird ihr eine Klärung sehr schwer fallen. Der rechte und der linke Flügel mögen die Hefe im Teig der SPD sein. Aber die Hefe macht noch keinen Kuchen. Zumindest keinen, der den Wählern schmeckt.

V
Über Zivilität und Umgangsformen

Der Begriff «Leitkultur» ist hochgradig aufgeladen, seit er 1998 von dem damaligen Berliner Innensenator Jörg Schönbohm in die politische Debatte eingeführt und dann in einem Artikel von Friedrich Merz verbreitet wurde. Die SPD sieht darin einen konservativen Kampfbegriff, der das Land in eine kulturell formierte Gesellschaft zurückführen soll. Er erinnert in manchem an die «geistig-moralische Wende» von Helmut Kohl, die folgenlos verpuffte, dann nur noch als Satirebegriff taugte und heute angesichts des ausgeklügelten Systems schwarzer Kassen des Altkanzlers wie Hohn anmutet.

Wenn man das Zehn-Punkte-Papier von Thomas de Maizière «Leitkultur für Deutschland – Was ist das eigentlich?» von Anfang Mai 2017 tatsächlich liest – und nicht reflexhaft verdammt und ungelesen in die Tonne tritt –, dann fällt es schon schwerer, das Thema als völlig abwegig zu klassifizieren oder gar als bürgerlich-konservativen Hegemonieanspruch zu verdammen. Die Erfahrung, dass Interviews, Reden oder Thesenpapiere Empörungswellen und Erregungszustände bei Leuten auslösen, die diese gar nicht gehört oder gelesen haben, ist übrigens ein kulturelles Phänomen, das einer eigenen Betrachtung wert wäre.

Ich widerspreche Thomas de Maizière jedenfalls nicht, wenn

er feststellt, dass es «über Sprache, Verfassung und Achtung der Grundrechte hinaus [etwas gibt], was uns im Innersten zusammenhält, was uns ausmacht und was uns von anderen unterscheidet». Und dann lädt er zur Diskussion (!) von zehn Thesen ein, die man nicht teilen muss, anders akzentuieren und auch ergänzen kann, die aber keine brüske Abweisung verdienen.

Die Reaktion der SPD war meines Erachtens falsch oder zumindest unzureichend, indem sie auf das Grundgesetz verwies und den Grundrechtskatalog in den Artikeln 1 bis 19 zur «Leitkultur unserer Gesellschaft» erklärte. Dieser Katalog ist zweifellos von grundlegender und unveräußerlicher Bedeutung. Aber unterhalb dieser Grundrechte gibt es eine Reihe weiterer Merkmale, die unser Zusammenleben ausmachen, eine ungeschriebene Verfassung unseres Landes, die sich maßgeblich in der Übernahme von Verantwortung und Umgangsformen zeigt. Dazu gehören Rücksichtnahme auf den Mitbürger, Respekt, Toleranz, Selbstverantwortung für das eigene Handeln (und Unterlassen), die Achtung staatlicher Institutionen und die Beachtung von Regeln, Gemeinwohlorientierung und Vorbildfunktion. Der Schriftsteller John le Carré spricht von «bourgeoisen Werten» wie Anstand und Pflichtbewusstsein, wobei «bourgeois» weder zur Beschreibung einer Klasse dient noch abwertend gemeint ist.

Die Klage ist weit verbreitet, dass solche Merkmale – ich scheue nicht das schöne altdeutsche Wort Tugenden – einer Beliebigkeit weichen und im Zuge allgemeiner Verrohung und Enthemmung sogar unter die Räder kommen. Das Empfinden ist jedenfalls nicht selten, dass darüber unsere Gesellschaft härter, kälter und unsicherer wird. Ob auch gewalttätiger, nicht nur im physischen Sinn, überlasse ich Sozialwissenschaftlern und -psychologen, Pädagogen und Kriminologen.

Mich bedrückt auch das Ausmaß an Eliteversagen, über das die Gesellschaft weitere Haltegriffe und Fixpunkte verliert, weil manche Eliten teils krass ihre normative Funktion verletzen und in manchen Fällen auch Gesetze. Das beginnt mit der Steuerhinterziehung von Leuten, die im Penthouse unseres Gesellschaftsgebäudes ein wohlsituiertes Leben führen und Steuerbetrug als eine neue Kultur des Versteckens betreiben. Das wurde von Politikern lange Zeit bagatellisiert und als Notwehr gegen eine angeblich prohibitive Besteuerung entschuldigt. Aber inzwischen ist die Liste sehr lang geworden. Unter Eliteversagen fallen für mich: die Risikoignoranz von Bankern und die krummen Geschäfte ihrer Institute, darunter auch die einer großen deutschen Bank; die Manipulationen der deutschen Automobilindustrie und das Auftreten eines Spitzenmanagements, dessen Winkelzüge in einem umgekehrt proportionalen Verhältnis zu ihren strategischen Fähigkeiten (und ihren Vergütungen!) stehen; die Beschädigung des Markennamens der deutschen Wirtschaft über teilweise kriminelle Aktivitäten; die skandalösen Missbrauchsfälle in der katholischen Kirche und deren jahrelange Vertuschung; die Korrumpierung des Fußballs durch FIFA und UEFA sowie explodierende Transfersummen und Spielergehälter; das «Illusionstheater» eines vom Doping durchzogenen Sports mit einem opportunistischen Internationalen Olympischen Komitee an der Spitze; und schließlich auch der teilweise selbstverschuldete Glaubwürdigkeitsverlust von Politik und Medien, der sich in einer Politik- und Medienverdrossenheit manifestiert.

Wenn dann auch noch Strafverfolgungsbehörden überlastet, weil unzureichend ausgestattet sind und nicht zuletzt deshalb bei der Verhinderung und Aufklärung von alltäglichen Delikten bis hin zu Gewalttaten versagen und die Rechtsprechung in

Verzug gerät, dann kommt eine der tragenden Säulen unserer Gesellschaft ins Wanken: das Vertrauen in den Rechtsstaat. So musste das Verfahren gegen Manager der Hypo Real Estate-Bank gegen geringe Geldauflagen eingestellt werden, weil die Münchner Staatsanwaltschaft die Beweisaufnahme vor Eintritt der Verjährungsfrist nicht abzuschließen vermochte.

Kein Wunder, dass der Begriff «Elite» in den öffentlichen Kommunikationsräumen unter Bierverschiss steht. Auch gut beleumundete Manager, Wissenschaftler, Politiker, Journalisten oder ganz allgemein Experten haben inzwischen einen Vertrauensmalus gegenüber dem unverdächtigen, unbelasteten Amateur – und sei er ein hochgradiger Dilettant. Dabei braucht es jenseits der «Leistungselite», die im Sinne jedweden gesellschaftlichen, technischen und wirtschaftlichen Fortschritts tätig ist, eine normsetzende Elite, wenn Land und Gesellschaft nicht in Stagnation fallen sollen.

Nicht weniger als das Eliteversagen empören mich viele Beispiele alltäglichen Wahnsinns in den Reihen angeblich ganz normaler Bürger. Da behindert ein sich ausbreitendes Gafferwesen Rettungskräfte – möglichst mit dem filmenden Smartphone in der Hand. Da werden Polizisten und Feuerwehrleute tätlich angegriffen. Hooligans und Teile von Ultras (die nicht gleichzusetzen sind) spielen Bürgerkrieg in und um Fußballstadien. Schüler und Schülerinnen derselben Klasse mobben sich rund um die Uhr brutal und bösartig über WhatsApp. Lehrer werden Opfer von physischer Gewalt durch Schüler und Eltern – bis hin zur Körperverletzung durch übergriffige Eltern, deren Kinder alle Hochbegabte sind. Zugpersonal wird angepöbelt, bespuckt und geschlagen. Piloten werden bei Starts und Landungen mit Laserpointern geblendet, die in höherer Leistung unter das Waffengesetz fallen sollten. Eltern, die eine Impfung ihrer Kinder verweigern, gefährden die Gesundheit anderer Kinder. Laut Umfragen sind 90 Prozent der Ärzte und Pfleger in Notaufnahmen (rund 50 000 Patienten täglich) schon einmal Ziel eines Angriffs gewesen. An Notrufanlagen wird jährlich über 10 000mal falscher Alarm ausgelöst, sodass die Rettungsdienste ausrücken (falls die Anlagen nicht zuvor mutwillig beschädigt wurden). Bei nächtlichen Autorennen in Innenstädten werden Verletzte und sogar Tote in Kauf genommen. Die Liste ließe sich fortsetzen.

Man kann das alles abtun nach dem Motto, es handele sich um ein Zerrbild und verdiene keine politische Überbewertung – Steinbrück redet nun wie sein eigener Großvater. Mein Eindruck ist aber, dass viele Bürger im Alltag durchaus einen Verlust an zivilisatorischen Standards empfinden, auch wenn sie es nicht so nennen und manches zweifellos aufgebauscht wird. Das Gefühl, dass Umgangsformen auf den Hund gekommen sind und Anstandsregeln in Zeiten des extremen Egoismus nicht mehr viel gelten, geht nicht selten einher mit einem Gefühl der Bedrohung. Symbolisch für diese doppelte Verunsicherung steht der Diebstahl von Handys, Computern, Ausweisen und Kreditkarten, der nichts anderes bedeutet – so der Journalist Torsten Krauel –, als einen Diebstahl des Alltagslebens aufgrund gesunkener Hemmschwellen.

Eine Fortsetzung der Ignoranz auf seiten der Politik könnte zu einem weiteren Verlust an Vertrauen in staatliche Handlungsfähigkeit führen. Deshalb halte ich den Rückzug der SPD in der strittigen Debatte um eine «Leitkultur» für falsch, den Hinweis auf das Grundgesetz jedenfalls für nicht ausreichend. Natürlich soll sie nicht auf das Spielfeld von CDU/CSU laufen. Sie muss vielmehr einen eigenen Zugang zu der Debatte finden und die nicht geschriebene Verfassung unserer Gesellschaft ausbuchstabieren, damit sich möglichst viele Bürger in ihrer Verunsicherung verstanden und bei ihr aufgehoben fühlen.

Bei einem folgenlosen Debattenbeitrag wird es allerdings nicht bleiben können. Deshalb verweise ich an dieser Stelle auf das Prinzip «Fördern und Fordern» als Handlungsanleitung. Einerseits sind alle Institutionen politisch zu stärken, angemessen auszustatten und entsprechend anzuleiten, in denen zivile Umgangsformen vermittelt und eingeübt werden können – also im Wesentlichen das Bildungssystem. Dabei wird die Erziehung zur Eigenverantwortung und Verantwortung für das Gemeinwesen nicht zu kurz kommen dürfen. Anders ist dem Missverständnis nicht beizukommen, Demokratie sei ein Selbstbedienungsladen ohne Verpflichtungen, der öffentliche Raum nichts wert, Wahlen seien eine Konsumentenveranstaltung und Politiker die Blitzableiter für jedweden individuellen Lebensfrust und jeden persönlichen Schicksalsschlag.

Andererseits ist regelkonformes Verhalten zu fordern und die Autorität der staatlichen Vollzugs- und Rechtsorgane zu stärken. Wer das als «Law and Order»-Kurs ablehnt, weil er dahinter die Gefahr eines illiberalen, autoritären Staates wittert, hat die Bedeutung des Rechtsstaates für die gesellschaftliche Stabilität nicht begriffen. Eine Erosion staatlicher Institutionen und eine Relativierung seiner Rechtsnormen dürfen schon deshalb nicht zugelassen werden, weil sie nichts anderes bedeuten als das Abgleiten in eine wölfische Gesellschaft, in der die Schwachen zuerst gefressen werden.

«Grenzen schützen individuelle und kollektive Autonomie», schrieb Julian Nida-Rümelin. Was für den Schutz der europäischen Grenzen und die Integrität der eigenen Staatlichkeit gilt, gilt auch für den Schutz der persönlichen Integrität des einzelnen Bürgers.

VI
Was tun?

Die SPD war immer dann mehrheitsfähig, wenn sie drei Profile gleichzeitig anbieten konnte: hohe soziale Kompetenz, wirtschaftlichen Sachverstand und den Anspruch, Plattform für die zentralen gesellschaftlichen Debatten der kreativen, unkonventionellen, politisch interessierten, freien Geister der Republik zu sein – jedweder Herkunft aus Kunst, Kultur, Wissenschaft, Medien und Verbänden. Bei ihnen handelt es sich allesamt um Multiplikatoren, die sich politisch nicht instrumentalisiert fühlen dürfen. Aber sie sollten in der Sozialdemokratie eine erste Adresse finden, wenn über die Zukunftsfragen des Landes und Europas debattiert wird und der SPD neue Ideen und Impulse mit auf den Weg gegeben werden können.

Selbstredend treffen sich führende Sozialdemokraten gelegentlich mit Literaten und Künstlern. Es gibt natürlich auch Veranstaltungen im Willy-Brandt-Haus und an anderen Orten, die thematisch über die Tagespolitik hinausweisen. Aber insgesamt ist die SPD nicht als sprühende Ideenschmiede oder Denkfabrik zur Erschließung intellektueller Potenziale bekannt. Die Reserve vieler Vertreter aus Kunst, Kultur und Wissenschaft, sich heutzutage im Veranstaltungsrahmen einer politischen Partei zu exponieren, um dann etikettiert und möglicherweise Zielscheibe von Unflätigkeiten zu werden, mag ein Hindernis für den öffentlichkeitswirksamen Austausch von politischen Handwerkern und «Public Intellectuals» sein (in

Frankreich ist das offenbar nicht so kompromittierend). Dann darf man ihnen allerdings auch zurufen, dass ihr kritisches Räsonieren über die Geist- und Perspektivlosigkeit der Politik im Elfenbeinturm eher eine selbstverliebte und gewiss eine folgenlose Übung ist.

Umgekehrt dürfte die SPD ihrerseits zu wenig intellektuelle Kapazitäten aufbieten, deren analytischer Verstand und deren kulturelles Interesse bei gleichzeitiger Verankerung in der praktischen Politik genügend Anziehungskraft ausüben. Das waren einmal Carlo Schmid, Egon Bahr, Horst Ehmke, Peter Glotz oder auch Erhard Eppler. Alle keine typischen Gewächse der SPD. Alle eigen und auch eitel. Alle mehr oder weniger umstritten, gelegentlich auch sperrig und anstrengend. Aber als Querdenker und Seismographen belebten sie einerseits die parteiinterne Debatte, andererseits entfalteten sie eine große Ausstrahlung über die Grenzen der SPD hinaus – und machten neugierig auf deren Beiträge. Wo sind sie heute?

Die Partei muss aber wieder der Ort für das Zeitgespräch der Gesellschaft werden, wenn sie eine bestimmende politische Kraft in Deutschland und für Europa bleiben will. Diesen Wunsch nach einer neuen Debattenkultur in der SPD stelle ich diesem Kapitel als eine Art *ceterum censeo* voran. Im Übrigen bin ich der Meinung, dass wir mehr Streitkultur brauchen, wenn wir die Partei für die Zukunft fit machen wollen – allerdings nicht im herkömmlichen Rechts-Links-Muster unter Markierung innerparteilicher Hoheitsgebiete.

Als erstes möchte ich die drei zentralen Botschaften erläutern, die ich mir für den letzten Wahlkampf der SPD gewünscht hätte. In Kapitel IV habe ich sie erwähnt – Europa, Freiheit im digitalen Kapitalismus und Zusammenhalt der Gesellschaft – und hinzugefügt, dass eine klare Positionierung in diesen für die unmittelbare Zukunft entscheidenden Themen mit jedem Tag drängender werde. Ich will das im Einzelnen begründen.

Europa Niemand war prädestinierter als der ehemalige Präsident des Europäischen Parlamentes Martin Schulz, einen hoch aufgeladenen Wahlkampf um und für die Zukunft Europas zu führen. Das war sein Turf! Wer hat ihm nur eingeredet, alle Steckenpferde der Innenpolitik zu reiten, aber seine Domäne dabei zu vernachlässigen? Um dem Eindruck entgegenzutreten, er hätte einen Nachholbedarf auf dem innenpolitischen Parkett? In Sachen Europa hätte er glaubwürdig und rhetorisch eindrucksvoll Angela Merkel als deutscher Defensivspielerin auf dem europäischen Feld Paroli bieten können wie kein zweiter.

Gerade weil es ein europaskeptisches oder sogar antieuropäisches Widerlager nicht nur bei den Rechten der Republik gibt, bot sich die Chance, Reibungen, also Emotionen zu schüren. Insbesondere jüngere Wähler, um deren Zukunft es in einem nach innen und außen friedfertigen, sozial stabilen und wirtschaftlich prosperierenden Europa geht, wären ansprechbar gewesen, wie die private Initiative «Pulse of Europe» zeigt.

Natürlich hätte ein solcher Schwerpunkt auch konkrete Fragen aufgeworfen und nach entsprechenden politischen Wegweisungen verlangt – hinsichtlich einer europäischen Außen- und Sicherheitspolitik, der Stabilisierung und Fortentwicklung der Wirtschafts- und Währungsunion, der Sicherung europäischer Wettbewerbsfähigkeit mit einem Abbau interner Disparitäten, der Bewältigung des Brexit unter wechselseitiger Schadensminimierung, der Harmonisierung von Steuersystemen auch zur Bekämpfung von Steuerdumping, der Verteilung von Flüchtlingen, der Sicherung der europäischen Außengrenzen oder auch hinsichtlich Europas Verantwortung in Afrika nicht zuletzt zur Eindämmung von Migrationsströmen. Darauf war die SPD mit Martin Schulz doch ganz gut vorbereitet – oder doch nicht?

Mehr noch als sonst galt es in diesem Wahlkampf, den Bürgern die Einzigartigkeit Europas als Kontinent der Freiheit, des Rechts, der Freizügigkeit und kulturellen Vielfalt vor Augen zu führen. Michel Houellebecq trifft diesen Punkt mit dem Hinweis, Europa habe ein «sentimentales Problem», es löse kaum noch positive Emotionen aus. Jeder Vergleich mit autokratischen Systemen à la Erdoğan, Putins eurasischem Modell in Abgrenzung zum «normativen Projekt des Westens», Chinas staatskapitalistischem System mit einem kommunistischen Überbau oder auch mit dem kruden angloamerikanischen Kapitalismus bietet Anschauungsmaterial, warum der Einsatz für dieses Europa lohnt. Dazu muss auch und insbesondere der Nutzen Europas für seinen Bürger belegt und einer deutschen Wählerschaft aufgezeigt werden, dass es uns selbst immer nur so gut gehen kann, wie es unseren Nachbarn gut geht. Mit einem Vorgehen, das zuallererst auf den eigenen nationalen Vorteil bedacht ist (à la «Germany first»), wird niemand in Europa eine gute und sichere Zukunft haben – auch nicht Deutschland trotz seiner Stärke.

Der leider viel zu früh verstorbene ehemalige Hamburger Erste Bürgermeister Henning Voscherau hat mich zu überzeugen versucht, dass aus Deutschland heraus unter Beteiligung unterschiedlicher Gruppen – von Intellektuellen und Künstlern, Nichtregierungsorganisationen, Wissenschaftlern, Gewerkschaftern und Publizisten – eine Debatte über eine europäische Verfassung in Gang gesetzt werden sollte. Mein Einwand, dass ein neuer Versuch in dem langwierigen politischen Verfahren bis hin zu Volksbefragungen in vielen Mitgliedstaaten wiederum scheitern würde, traf seinen Punkt nicht. Ihm ging es um den Prozess als solchen, um eine lebendige, kontroverse Auseinandersetzung, welche die Kommunikation über Europa beleben und das Projekt aus seinen technokratischen Einzäunungen herausholen würde. Der Weg sei das Ziel.

So ähnlich hätte die SPD Europa zu einer Hauptbotschaft im Bundestagswahlkampf machen können und müssen. Der neue französische Staatspräsident Emmanuel Macron hatte in seinem Präsidentschaftswahlkampf dafür doch einen Steilpass gespielt. Und inzwischen schlug er vor, was auch Henning Voscherau beschäftigte, nämlich eine breite öffentliche Debatte über die Zukunft Europas.

Auf dem Bundesparteitag der SPD hat elf Wochen nach Schließung der Wahllokale der bestätigte Parteivorsitzende Martin Schulz die «Vereinigten Staaten von Europa» bis 2025 ausgerufen. Man kann sich nicht ganz des Eindrucks erwehren, dass die Versäumnisse im Wahlkampf nun mit einem visionären Entwurf ausgebügelt werden sollen. Ich frage mich, ob diese Analogie mit den Vereinigten Staaten von Amerika angesichts der sehr unterschiedlichen Entwicklung des Nationalstaatsgedankens in Europa, der wechselhaften Beziehungen der Staaten untereinander, ihrer unterschiedlichen Traditionen und Mentalitäten nicht falsche Assoziationen auslöst, möglicherweise sogar Abwehrreflexe. Abgesehen davon scheint mir die Vorstellung von Martin Schulz – gelinde gesagt – recht wagemutig, die Mitgliedstaaten der EU würden innerhalb der nächsten acht Jahre ihre nationale Souveränität auf der Basis eines neuen EU-Vertrages weitgehend aufgeben. Ein solcher Vertrag müsste von den nationalen Parlamenten (die sich damit als Souverän selbst entmachten) und in vielen Fällen über Bürgerreferenden (auch

und erstmalig in Deutschland?) ratifiziert werden, wo doch zur-
zeit vieles darauf hindeutet, dass die einzelnen Staaten alles tun,
um sich einen Restbestand an nationaler Handlungsfähigkeit
zu bewahren. Um mit Martin Schulz zu reden: Mannomann!

Im Übrigen würde ein Projekt dieser Dimension wohl zwingend eine handlungsfähige Bundesregierung voraussetzen, die
sich auf eine entsprechende parlamentarische Mehrheit stützen
kann – also am besten eine große Koalition. Man fragt sich, ob
Martin Schulz dies impliziert unterstellt hat. Sein Hinweis, dass
Mitgliedstaaten, die einem solchen europäischen Verfassungs-
vertrag nicht zustimmen sollten, aus der EU auszuschließen
sind (ein wieder zweigeteiltes Europa?), lässt den Vorstoß insgesamt aber doch etwas abenteuerlich erscheinen. Als ob der ohnehin im Raum stehende Vorwurf eines deutschen Spardikta-
tes, den Schulz teilt, durch ein deutsches Integrationsdiktat
ergänzt werden soll. Willy Brandt hätte gesagt: Geht es nicht
eine Nummer kleiner?

Freiheit im digitalen Kapitalismus Der Zusammenhang zwischen technologischen Entwicklungssprüngen und sozioöko-
nomischen Brüchen durchzieht die gesamte Menschheitsge-
schichte. Mit der Digitalisierung und ihren Potenzialen im
Zeitalter der Globalisierung erleben wir allerdings einen Quantensprung, der sich in seinen Auswirkungen radikaler darstellt
als alles Bisherige. Er wird uns mit fortschreitender Entwicklung der künstlichen Intelligenz in letzter Konsequenz mit der
Frage konfrontieren, was und wer eigentlich der einzelne
Mensch sein soll.

In einer bemerkenswerten Artikelserie im Feuilleton der
Frankfurter Allgemeinen Zeitung wurde bereits 2009 und in den
Folgejahren über «Die Zukunft des Kapitalismus» diskutiert. Es

ging darum, über eine naive Begeisterung für die Chancen der digitalen Revolution hinaus ihre wahrlich disruptiven Auswirkungen auf Wirtschaft und Gesellschaft zu beleuchten und vor neuen Machtkonstellationen jenseits demokratischer Legitimation zu warnen. An der Debatte beteiligten sich u.a. der Informatiker Jaron Lanier, die Wirtschaftswissenschaftlerin Shoshana Zuboff, die Publizisten Evgeny Morozov, Yvonne Hofstetter, Sascha Lobo und der Wissenschaftsjournalist Ranga Yogeshwar. Ihre Beiträge haben nichts an Aktualität eingebüßt, sondern inzwischen eher weitere Zuspitzungen erfahren.

Allein die Auswirkungen der digitalen Revolution auf die Arbeitswelt bringen eine Fülle an Herausforderungen mit sich: von der Frage, wie viele Arbeitsplätze für immer verlorengehen, über die Möglichkeiten des Erwerbs neuer Qualifikationen bis zur Zukunft der Erwerbstätigkeit an sich. Diese Fragen betreffen sämtliche Wirtschaftszweige und nicht zuletzt die künftige Finanzierung sozialer Sicherungssysteme. Ihre Komplexität dürfte den Horizont der meisten Politiker deutlich übersteigen. Um den bereits eingetretenen Rückstand gegenüber den Promotoren der technischen Revolution aufzuholen und einigermaßen auf Augenhöhe zu kommen, müsste sich die Politik jedenfalls massiv ertüchtigen (lassen). Keine Partei wird es sich leisten können, den Auswirkungen der Digitalisierung auf die zukünftige Wertschöpfung, Arbeitswelt und gesellschaftliche Schichtung unter der Fuchtel treibender Unternehmensgiganten wie Google, Facebook, Amazon, Apple und Co. nicht die höchste politische Priorität einzuräumen.

Ein anderer, nicht weniger bedeutsamer und bedrohlicher Aspekt soll hier im Mittelpunkt stehen. Nachdem die Globalisierung zu einer Auflösung von Raum- und Zeitgrenzen geführt und die Souveränität der Nationalstaaten unterminiert hat, setzen sich die Internetgiganten nunmehr auch über nationale Rechtsordnungen und normative Regelsetzungen hinweg und pfeifen zum Beispiel auf Steuerverpflichtungen. Sie lösen damit, so Roman Maria Koidl, den Klebstoff auf, der den Kapitalismus und die Demokratie (bisher) zusammengehalten hat. Koidl schreibt: «Google, Facebook, Amazon und Apple aggregieren eine unbegreiflich hohe Konzentration an Macht, die sich darin ausdrückt, dass diese Unternehmen eigene Normen und Wertesysteme schaffen und zudem unsere sozialen Verbindungen kontrollieren. Der politische Willensbildungsprozess, dem auf internationaler Ebene – also der EU – einen ordnungspolitischen Rahmen entgegenzusetzen, läuft dieser Entwicklung bisher hinterher. Damit ist die Machtfrage offen.»

Es geht um nicht weniger als um die Verteidigung der demokratischen Substanz unseres Gemeinwesens gegenüber dem Anspruch der digitalen Supermächte, nach ihren eigenen Regeln zu spielen. Nicht wenige Experten sehen die Gefahr eines schleichenden Einstiegs in eine technokratische Diktatur global agierender Internetgiganten. Diese bedrohen nicht zuletzt auch den klassischen Nachrichtenjournalismus, der dem Ethos der Wahrhaftigkeit und Aufklärung verpflichtet ist, wie die Vorsitzende der Geschäftsführung von Gruner + Jahr Julia Jäkel anmerkte. Internetplattformen ziehen den Löwenanteil von Werbeeinnahmen auf sich, worüber der Nachrichtenjournalismus auszutrocknen droht. Parallel dazu setzen sich Plattformen durch, auf denen Sekten, Radikale, skrupellose Geschäftemacher und subversiv agierende Staaten Propaganda machen, ohne dass es ein um Objektivität und Tatsachen bemühtes Gegengewicht gibt. «Konzerne wie Facebook haben die mediale Infrastruktur aus dem Gleichgewicht gebracht», schreibt Jäkel.

Die Manipulation demokratischer Willensbildungsprozesse

und der Verlust einer konsensualen Realitätswahrnehmung durch Algorithmen sind die eine Seite der Medaille. Die andere Seite ist die Entmündigung des Individuums, das meistens naiv-freiwillig Mengen von Daten zur Verfügung stellt, die zu seiner vollständigen «Vermessung» und damit zur Vorhersehbarkeit seines Verhaltens führen. Dies öffnet der Steuerung des individuellen Verhaltens Tür und Tor. Mark Zuckerbergs Einfluss erstreckt sich heute auf nahezu zwei Milliarden Menschen weltweit. Wer kommt nach ihm?

Die Forschungsausgaben von Amazon, Alphabet/Google, Microsoft, Apple und Facebook betrugen 2016 über 58 Milliarden Dollar. Im selben Jahr haben alle deutschen Unternehmen unter Berücksichtigung der damaligen Währungsrelation insgesamt rund 62 Milliarden Dollar in Forschung und Entwicklung investiert. Elon Musk, der Chef des Automobilherstellers Tesla, ein Unternehmer, der auf dem Gebiet der künstlichen Intelligenz forschen lässt, sieht in dem Wettbewerb um die Vorherrschaft bei der Entwicklung der künstlichen Intelligenz einen wahrscheinlichen Auslöser für einen dritten Weltkrieg.

Der Präsidentschaftswahlkampf in den USA 2016 hat gezeigt, dass die Zeit der klassischen Wahlkämpfe auf offener Bühne abgelöst wird durch Wahlkämpfe mit «nachrichtendienstlicher Intelligenz, Desinformation, funktionalen Lügen und Microtargeting» (Koidl). Deshalb blieb es mir unverständlich, warum meine Partei dieses hochaktuelle Thema nicht ganz oben auf die Agenda ihres Wahlkampfes setzte, problematisierte und in eine Botschaft überführte, dass die Wahrung von Demokratie, Freiheit und Grundrechten die Voraussetzung für eine humane Gestaltung der Arbeitswelt im digitalen Zeitalter ist. Das wäre eine Botschaft in sozialdemokratischer Tradition auf der Höhe der Zeit gewesen! Aber noch ist es nicht zu spät.

Mag sein, dass viele Bürger angesichts der unzweifelhaften Chancenpotenziale durch die Digitalisierung und im Lichte des faszinierenden Nutzens der Internetwelt keinen Handlungsbedarf sehen, zumal uns die digitalen Supermächte ja weder physisch noch psychisch bedrohen. Sie tun uns nicht weh, aber sie machen uns zu Marionetten und beuten uns für ihre Geschäftsmodelle aus. Es ist Aufgabe einer Partei, die sich zur Aufklärung verpflichtet sieht, die Ambivalenz der technologischen Revolution aufzuzeigen und sich auch gegen massive Wirtschaftsinteressen für einen Ordnungsrahmen einzusetzen. Mag sein, dass ein solcher Ordnungsrahmen auf Widerstände stößt. Bisherige Initiativen lösten Empörung aus und mündeten regelmäßig in dem Vorwurf, staatliche oder suprastaatliche Institutionen wollten die «Freiheit» im Internet begrenzen. Gemeint ist aber vielfach nur die Freizügigkeit zu Lasten Dritter.

Hier findet die Politik – wie im Fall europaskeptischer oder antieuropäischer Kräfte – ein durchaus willkommenes Widerlager. Willkommen deshalb, weil sich über die Auseinandersetzung mit ernst zu nehmenden Gegenargumenten eine Kommunikation entfaltet und so eine Politisierung erfolgt. Für die SPD sehe ich die Chance, eine treibende Kraft zu werden und eine Hauptrolle zu spielen – und damit eben alles andere als langweilig und bedächtig zu sein.

Zusammenhalt der Gesellschaft Unabhängig vom Zustand unseres Landes und der offensichtlich hohen ökonomischen Zufriedenheit der Bürger versteht es sich von selbst, dass der Zusammenhalt der Gesellschaft ein erstklassiges Anliegen der SPD und eine ihrer zentralen Botschaften sein muss. Hier hat die Forderung nach sozialer Gerechtigkeit ihren Platz, um die es in Deutschland keineswegs so gut bestellt ist, wie es einige

Stallwächter der herrschenden Verhältnisse, unterstützt von Wirtschaftsredaktionen und Wirtschaftswissenschaften, zu vermitteln suchen. Zu augenfällig sind die Unwuchten in der Vermögensverteilung, die Barrieren in der Bildung, prekäre Beschäftigungsverhältnisse, Armutsgefährdung und die Fälle fortwährender sozialer Diskriminierung – von der unterschiedlichen Bezahlung von Frauen und Männern bis zu Bürgern mit Migrationshintergrund.

Es reicht aber nicht, einen verengten Blick auf Verteilungsungerechtigkeiten und ungleich verteilte Chancen zu werfen. Der Zusammenhalt unserer Gesellschaft scheint mir nicht minder gefährdet durch 1.) eine vernachlässigte Generationengerechtigkeit, 2.) unterschätzte oder gar verleugnete Integrationsprobleme und 3.) zerstörerische Auswirkungen der Digitalisierung auf die Arbeitswelt. Von diesen drei Aspekten soll im Folgenden die Rede sein.

Der Generationenvertrag gerät im Zuge der demografischen Entwicklung unweigerlich unter Druck, er steckt heute schon im Schraubstock. Der Anteil der Unter-20jährigen an der Gesamtbevölkerung beträgt knapp 18 Prozent, derjenige der Über-60jährigen demgegenüber fast 35 Prozent mit steigender Tendenz. Das Verhältnis von Erwerbstätigen zu Rentnern verschlechtert sich von heute 3:1 auf 2:1 im Jahr 2030 – bei einer steigenden Lebenserwartung und damit längerer Rentenbezugsdauer sowie konstanten Geburtendefiziten. Hinzu kommt eine wachsende Interessenrivalität zwischen Gegenwarts- und Zukunftsinteressen, die sich zum Beispiel im Widerstand älterer Bürger gegen Infrastrukturprojekte ausdrückt, deren Nutzen in der Zukunft liegt.

Abgesehen von über 24 Millionen Rentenzahlungen dürften rund acht Millionen Bürger in Deutschland Transferzahlungen nach den so genannten Sozialgesetzbüchern erhalten. Ein nach wie vor eher nachsorgender, das heißt alimentierender und zentralistisch organisierter Sozialstaat, der nicht frei von Fehlanreizen und Verkrustungen in der Versorgungsinfrastruktur ist, steckt in einem doppelten Dilemma. Transferempfänger werden das System fortdauernd für ungerecht und unzureichend halten, weil die Fürsorgeleistungen im Verhältnis zu den wachsenden Lebenshaltungskosten immer zu niedrig erscheinen. Nicht wenige von ihnen, denen die Perspektive einer selbstbestimmten Existenz verschlossen bleibt, dürften eine Alimentation auf Dauer überdies als unwürdig empfinden. Demgegenüber sieht sich eine mittelfristig abnehmende Erwerbsbevölkerung mit ihren bereits heute als zu hoch empfundenen Steuern und Abgaben zum Lastesel verdammt und hinterfragt ihre Solidarbeiträge und den Sozialkontrakt.

Diesem Aspekt der Generationengerechtigkeit wie generell der Zukunftsfestigkeit des Kulturguts Sozialstaat im demografischen Wandel schenkte die SPD unter dem Dach «Gerechtigkeit» zu wenig Beachtung. Da fehlte etwas, wie das im Wahlkampf vorgelegte Rentenkonzept zeigte. Der Vorwurf von Kritikern, die SPD habe über 2030 nicht hinausgerechnet, war dagegen läppisch. Wer kann schon über diesen Zeithorizont hinausrechnen? Nein, der Sprengstoff liegt in dem unbeschriebenen Blatt, das von den Folgen für die jüngeren Generationen und der Steuer- und Abgabenlast der Erwerbstätigen handeln sollte. Es ist kein Trost, dass dieses Blatt auch bei allen anderen Parteien – mit teils noch weitergehenden Versprechungen, wenn man an die Mütterrente der CDU/CSU denkt – ebenfalls leer ist.

Des Weiteren ist der Zusammenhalt der Gesellschaft nicht nur über die schwierige Integration des sozial «abgehängten»

Teils der einheimischen Bevölkerung gefährdet, der sich partiell in einer Parallelgesellschaft abgekoppelt hat. Das Problem erstreckt sich auch auf die nicht nur in Einzelfällen erfolglose Integration von Zuwanderern. Die Begleit- und Folgeerscheinungen lassen sich täglich in der Zeitung nachlesen, aber auch in fundierten sozialwissenschaftlichen Studien oder populären Büchern wie dem des früheren Bezirksbürgermeisters von Berlin-Neukölln, Heinz Buschkowsky. Die Probleme bei der Integration von Zuwanderern werden in einer falsch verstandenen Toleranz, die manchmal wie eine Beklemmung anmutet, sich bloß nicht dem Vorwurf der Fremdenfeindlichkeit oder gar des Rassismus auszusetzen, gern unter den Tisch gekehrt. Ausgerechnet eine Linke, die in der Tradition einer «kritischen Kritik» steht, hat sich diesbezüglich eine Zurückhaltung und Realitätsverweigerung auferlegt, die an der Wahrnehmung weiter Teile der Bürgerschaft vorbeigeht und zu deren Frust zweifellos beiträgt.

Dem gegenüber steht die Tatsache, dass Teile der einheimischen Bevölkerung Ausländern und Zuwanderern eine gelingende Integration verweigern. Die Aktivitäten reichen von verbalen Verunglimpfungen über mehr oder weniger bemäntelte Benachteiligungen bis zur Gewaltbereitschaft. Auf diesem Auge war die Politik offenbar lange Zeit blind, wenn man sich die erschreckende Nachlässigkeit bei der Verfolgung rechtsradikaler Gewalt durch staatliche Organe am Beispiel der NSU-Verbrechen vergegenwärtigt. Um einen tiefer gehenden Riss unserer Gesellschaft zwischen diesen beiden Polen der Integrationsverweigerung zu vermeiden, wird es erheblicher gemeinschaftlicher Anstrengungen bedürfen. Es ist viel von Sprachkursen, speziellen Angeboten bei Bildung und Ausbildung, mehr Wohnungen und mehr Jobs die Rede, aber auch von der notwendigen Durchsetzung unserer Rechtsnormen. Es darf jedoch gerade in der Integrationspolitik nicht bei guten Absichten bleiben.

Deshalb möchte ich meiner Partei konkret empfehlen, einen fünfjährigen Integrationsplan zu erarbeiten und alsbald vorzustellen. Ein solcher Plan müsste sich zwingend nicht nur auf Asylbewerber und Zuwanderer richten, sondern ebenso auf jenen Teil der einheimischen Bevölkerung, der sich chancenlos zurückgesetzt und von der Politik missachtet fühlt. Das Ressentiment, den Flüchtlingen werde alles mit einem goldenen Löffel serviert, während die sozial Schwächeren unter den Einheimischen in die Röhre gucken müssten oder sogar benachteiligt würden, lässt sich nur mit einer «doppelten» Integrationspolitik, also einer auf beide Gruppen zielenden Politik bekämpfen.

Ein entsprechender Integrationsplan sollte konkrete Maßnahmen mit Haushaltsveranschlagungen und klarer Zuweisung von Zuständigkeiten benennen, wobei insbesondere den Kommunen ausreichende Ressourcen, Planungssicherheit sowie planungsrechtliche Vereinfachungen (zur Beschleunigung) zu garantieren wären. Als Maßnahmenbereiche böten sich in erster Linie an: Schulausstattung, Förderung der dualen Ausbildung, Sprachausbildung, öffentliche Beschäftigungsmodelle, Unterstützung von Sozialdiensten, Quartiersbetreuungen und die Forcierung des (sozialen) Wohnungsbaus mit mindestens 160 000 zusätzlichen Wohneinheiten jährlich. Haushaltspolitisch hätte der Grundsatz zu gelten «nicht kleckern, sondern klotzen», weil über einen solchen Integrationsplan zukünftige soziale Kosten einzusparen sind. Weshalb die «schwarze Null» eines ausgeglichenen Bundeshaushaltes darüber auch nicht für unantastbar erklärt werden darf.

Der dritte und letzte Aspekt, den ich mit Blick auf gefährliche Spaltungstendenzen in unserer Gesellschaft thematisieren möchte, sind die disruptiven Folgen der Digitalisierung. Nicht erst seit gestern zeichnet sich eine digitale Zweiklassengesellschaft ab: auf der einen Seite eine – im doppelten Sinn des Wortes – grenzenlos auftrumpfende digitale Elite, auf der anderen ein digitaler Analphabetismus, deklassiert und chancenlos. Inzwischen wird mehr oder weniger erkannt, welche fundamentalen Herausforderungen die digitale Revolution für unsere gesamte industrielle Wertschöpfungskette birgt. Noch ist die Frage nicht entschieden, ob die Flaggschiffe der deutschen Industrie – Autoindustrie, Werkzeug- und Maschinenbau – die angeschlossenen Produktionsbuden und Dienstleistungsabteilungen von digitalen Großkonzernen sind oder aber selber die digitalen Potenziale aufgreifen und in neue Wertschöpfungsmodelle überführen. In jedem Fall steht ein Wandel von Millionen Arbeitsplätzen bevor. Dies bedeutet für die Politik nichts Anderes, als dass sie sich schleunigst mit neuen Konzepten zur Zukunft der Arbeit einschließlich ihrer Entlohnung sowie zur Finanzierung der sozialen Sicherungssysteme beschäftigen sollte.

Die Vorstellung, dass sich die Gesellschaft radikalisiert, wenn im Zuge der Digitalisierung der Wirtschaft Millionen von Arbeitnehmern plötzlich ohne Sicherheitsgurt fahren, während gleichzeitig eine kleine Gruppe von Gewinnern in obszöner Weise Reichtum auf sich konzentriert, ist kein Hirngespinst. Wer, wenn nicht die SPD, ist die prädestinierte Kraft, hier gegenzusteuern? Erfolgreich war sie immer dann, wenn sie Bündnisse aus divergierenden Wählergruppen schmiedete, Aufsteigermilieus mit Verlierern und abstiegsbedrohten Gruppen, die der Solidarität bedürfen, zusammenbrachte oder den Schulterschluss eines aufgeklärten Bürgertums mit einer selbstbewussten Arbeitnehmerschaft. Zugrunde lag diesen Bündnissen ein gemeinsames Interesse an einem sozial fortschrittlichen, wirtschaftlich prosperierenden, freiheitlichen und humanen Deutschland. Es waren immer «Werte-Interessen-Bündnisse».

Ergänzend weise ich auf das hin, was ich in Kapitel V über Dekulturalisierung geschrieben habe. Sie ist in meinen Augen ein Indikator für die Auflösungstendenzen einer Gesellschaft. Bei allem Zündstoff, den dieser Begriff birgt, rate ich meiner Partei trotzdem, sich mit dem allgemeinen Verlust an Umgangsformen und zivilisatorischen Standards zu beschäftigen, weil dies dem Empfinden nicht unwichtiger Teile der Wählerschaft entspricht. Ich meine damit nicht allein Fremdenfeindlichkeit, Antisemitismus, Chauvinismus, Homophobie, Sexismus oder auch das Diktat einer moralisch aufgeladenen Political Correctness. Ich meine damit auch die Zunahme allgemeiner Verrohung, verbreitete Ellenbogenmentalität, Respektlosigkeit, Enthemmung im Internet, Geringschätzung öffentlichen Eigentums, die Missachtung von Institutionen und Regeln und nicht zuletzt das Desinteresse an öffentlichen Angelegenheiten.

Ich bleibe dabei, dass der Verlust an Zivilität den Kitt unserer Gesellschaft auflöst. Wie immer man eine Debatte über Zivilität in Deutschland überschreibt: Wenn sich die SPD daran nicht beteiligt, weil sie darin eher ein Ablenkungsmanöver sieht oder auch die Gefahr, dass die Gesellschaft auf ein konservatives Ordnungs- und Verhaltensmuster unter der Überschrift Leitkultur getrimmt werden soll, dann schätzt sie die Nachfrage nach Vorgaben der Politik zu diesem Aspekt der gesellschaftlichen Entwicklung falsch ein. Dann fällt die Meinungsführerschaft in der Tat jenen Kräften zu, die sie mit der Verweigerung einer solchen Debatte marginalisieren zu können glaubt.

Nach dem Wahldebakel der SPD und angesichts der dunklen Wolken über der europäischen Sozialdemokratie sagten manche der professionellen Sterndeuter am politischen Firmament voraus, dass die SPD einer Zerreißprobe entgegengehe. Ein Teil werde sich an der Erholung der britischen Labour Party unter ihrem Vorsitzenden Jeremy Corbyn orientieren, einem Veteranen aus linken Traditionsbataillonen. Ein anderer Teil sehe in dem Einzug Emmanuel Macrons in den Élysée-Palast an der Spitze der gesellschaftlichen Mitte Frankreichs ein Erfolgsmuster. Mit diesen beiden Namen – Corbyn und Macron – waren in gewisser Weise die Gegensätze zwischen den beiden Flügeln der SPD auf den Punkt gebracht.

Indirekt bestätigt wurde diese Zuordnung mehr oder weniger postwendend, als der Parteilinke Ralf Stegner ein Papier «Großbaustelle SPD» vorlegte, das letztlich auf eine Zuspitzung linker Positionen hinauslief und den eigenen Claim gegen eventuellen Druck anderer Strömungen abzudichten suchte. Dem folgte ein Papier des Hamburger Ersten Bürgermeisters und Vizevorsitzenden der SPD Olaf Scholz unter dem Titel «Keine Ausflüchte! Neue Zukunftsfragen beantworten! Klare Grundsätze!», das als Ausdruck eines pragmatischen Kurses der Mitte bewertet wurde. Anschließend wurden vorgelegt: der Entwurf eines Leitantrages für den Bundesparteitag im Dezember 2017 von Martin Schulz («Unser Weg nach vorn»), eine Vorlage von Andrea Nahles für die Bundestagsfraktion und ein gemeinsamer Antrag von Malu Dreyer und Thorsten Schäfer-Gümbel sowie weitere Papiere, die aber eher als zusätzliche Markierungen wahrgenommen wurden. Trotz aller Papiere verstummte die Unzufriedenheit über die Gestaltung des Erneuerungsprozesses nicht.

Andere politische Kommentatoren vermuteten, dass sich der SPD neue Chancen in der Mitte der Gesellschaft eröffnen, weil die Union spätestens mit der Abdankung von Angela Merkel auch einen Abschied von ihrer Sozialdemokratisierung nehmen und eine Bewegung nach rechts vollziehen werde. Wieder andere sahen die einzige Überlebenschance der SPD in einem Zug nach links, weil sich das bürgerliche Bündnis einer damals noch in Rede stehenden Jamaika-Koalition nur von einem solchen Standort attackieren lasse. So konnte man auch Martin Schulz als Parteivorsitzenden Ende Oktober 2017 verstehen, als er in einem Interview vom «Mut zur Kapitalismuskritik» und der Bereitschaft zur Systemfrage sprach, man dürfe nicht länger nur noch «um die Verteilung der Effekte im System» streiten. Differenzierter erschien mir Andrea Nahles: «Wir haben es versäumt, die negativen Seiten der Globalisierung zum Thema zu machen. Wir müssen wieder lernen, den Kapitalismus zu verstehen und, wo nötig, scharf zu kritisieren.»

Vielleicht zur Verwunderung all jener, die mich in der falschen Partei sehen, eher im rechten Spektrum der SPD ansiedeln oder mich gar, wie manche Linke, als Neoliberalen etikettieren, verdienen diese Sätze von Andrea Nahles Beachtung. Ich habe in Kapitel II einen Ausflug in die französische Gegenwartsliteratur unternommen, in der die Frage virulent ist, ob die Linke auf ihrem Weg zu einer neoliberalen Reformpolitik, zu linksliberalen Lebensstilen und zu einer Identitätspolitik, die sich auf Minderheiten konzentriert, die Klassenfrage des 21. Jahrhunderts und den Raum für Kapitalismuskritik nicht der Rechten überlassen habe – mit der Folge ihrer eigenen Marginalisierung und einer zunehmenden rot-braunen Einfärbung am Rand.

Die verhältnismäßig stabile ökonomische Lage Deutschlands mit einem allerdings nicht zu ignorierenden unterschwelligen Rumoren – das aber wohl vornehmlich andere Ursachen hat als

Unzufriedenheit mit dem Wirtschaftssystem – enthebt die SPD nicht der Pflicht, sich kritisch mit einigen gefährlichen Einflüssen des digital befeuerten globalen Finanzkapitalismus des 21. Jahrhunderts zu beschäftigen. Insofern ist Martin Schulz und Andrea Nahles zuzustimmen.

Ende der neunziger Jahre prägte Helmut Schmidt den Begriff «Raubtierkapitalismus». Die Herausgeberin der *Zeit*, Marion Gräfin Dönhoff, die kaum verdächtigt werden konnte, einem sozialistischen Katechismus anzuhängen, griff ihn auf und machte ihn vielfach populär. Tatsächlich entfaltet der Kapitalismus auf seiner heutigen Entwicklungsstufe höchstproblematische und sogar bedrohliche Kräfte. Nicht alle diese Effekte sind spezifisch dem westlich geprägten Kapitalismus zuzuordnen. Manche stellen sich in anderen Gesellschafts- und Wirtschaftssystemen sogar noch dramatischer dar, man denke an den Raubbau bei natürlichen Ressourcen, die Bedrohung des Klimas, die Ausbeutung von Menschen oder das Ausmaß an Korruption in vielen Staaten der so genannten Dritten Welt. Aber auch und gerade von dem westlich geprägten Kapitalismus des 21. Jahrhunderts gehen zahlreiche Einflüsse aus, die selbst von Gralshütern marktwirtschaftlicher Prinzipien nicht gutgeheißen werden können, weil deren Dynamik alles plattwalzen könnte, was sie vertreten.

Die Macht großer kapitalkräftiger Konzerne, sich über staatliche und supranational gesetzte Regelungen hinwegzusetzen; die Manipulationsmöglichkeiten großer Meinungsmaschinen und gigantischer Datensammler im Internet; das Risiko der Vernichtung von riesigen Vermögensbeständen und der Erschütterung ganzer Staaten durch Finanz- und Bankenkrisen; die Gefahr einer Radikalisierung der Gesellschaft durch eine extreme Spaltung in wenige Gewinner und viele Verlierer; die

Ökonomisierung aller Lebensbereiche oder die fortwährende Ausbeutung von Mensch und Natur – all das birgt jedenfalls genügend Sprengstoff, um unsere bisher noch konsensuale Wirtschafts- und Gesellschaftsordnung einstürzen zu lassen. Es geht nicht um nostalgische Wiederbelebungsversuche gescheiterter sozialistischer Wirtschaftsmodelle. Es geht im Kern um die Alternative zwischen einer marktkonformen Demokratie, in der alles und jeder ökonomischen Verwertungsinteressen untergeordnet wird und der Staat zum Hilfsorgan verzwergt, und einer demokratiekonformen Marktwirtschaft, in der das Primat bei demokratisch legitimierten Institutionen liegt und ein produktiver privatwirtschaftlicher Sektor zur Sicherung von nachhaltigem Wachstum und Wohlstand (und darüber übrigens auch zur Finanzierung des Sozialstaates) beiträgt.

In diesem Zusammenhang greife ich sinngemäß einen Satz von Theo Sommer aus dem Jahre 2008 auf. Wenn der Kapitalismus nicht lernt, seine innovative Kraft und Wettbewerbsfähigkeit mit gesellschaftlicher Solidarität und dem Gemeinwohl freiheitlicher Gesellschaften zu verbinden, wird er im 21. Jahrhundert dasselbe Schicksal erleiden wie der Sozialismus kommunistischer Prägung im 20. Jahrhundert: Er wird an seiner menschenfeindlichen Schnödigkeit zugrunde gehen. In diesem Sinn muss die SPD Kritik betreiben und auf eine Zähmung des Turbo- und Kasinokapitalismus des 21. Jahrhunderts hinwirken.

Das sollte auch den weitsichtigen und historisch denkenden Vertretern bürgerlich-konservativer und ordoliberaler Parteien und ihren Adepten an Hochschulen und in Wirtschaftsredaktionen einleuchten, deren Vorstellungskraft so weit reicht, dass die Systemfrage nicht den Rechts- und Linksaußen in der politischen Arena – teilweise gar in einer Umarmung – überlassen werden und dort wuchern darf.

Bleibt die SPD allerdings bei ihrer mehr oder weniger orthodoxen Kapitalismuskritik, dann verkümmert sie zu einer linken Splitterpartei und findet sich irgendwann mit der Linkspartei in einer gemeinsamen Position der Schwäche. Die Orthodoxie führt tendenziell in eine strukturkonservierende, protektionistische, technologieaverse, bürokratische Richtung, die zu einer Stagnation in Wirtschaft und Gesellschaft führen würde.

Eine nach vorn gerichtete Kapitalismuskritik, die nicht die alten Schlachten nachstellt, kann hingegen auf vielen Gebieten aktiv werden. Dringend nötig sind zum Beispiel eine Regelsetzung für Internetunternehmen, eine diesbezügliche Antitrust-Gesetzgebung, eine effiziente Regulierung von Finanzmärkten, ein Antidumping von Löhnen und Sozialstandards, die Sicherstellung von Arbeitnehmer- und Mitbestimmungsrechten sowie die Verpflichtung der Marktteilnehmer, für die Risiken ihres Handelns zu haften statt sie auf die Allgemeinheit abzuwälzen. Im herkömmlichen Rechts-Links-Schema lassen sich die vielen Wirklichkeiten und Entwicklungen nicht mehr erfassen. Die alten Kategorisierungen taugen umso weniger, je komplexer und interdependenter die Verhältnisse werden.

So hat der rasante wirtschaftlich-technische Strukturwandel zu massiven Umwälzungen in der Arbeitswelt, zu einer Verflüchtigung des klassischen Industrieproletariats und einer Vielzahl neuer Erwerbsbiografien geführt. Davon sind nicht wenige zweifellos prekär, was sich nicht zuletzt in einer hohen Zahl geringfügig Beschäftigter ausdrückt. Das ist beklagenswert genug und zwingt zu politischen Antworten. So wenig die Euphorie über die gegenwärtige Entwicklung des Arbeitsmarktes von den Schattenseiten ablenken darf, so stark würde die Dramatisierung einer in Elend und Armut versinkenden Republik die Realität verzeichnen.

Die Veränderungen gehen mit einer Individualisierung und Pluralisierung der Gesellschaft einher, über die sich unterschiedliche soziale Milieus herausgebildet haben. Diese überschneiden sich zwar zum Teil, ergeben insgesamt aber das Bild einer mehr denn je heterogenen Gesellschaft. Der herkömmliche Klassenkonflikt zwischen Arbeitern und Unternehmern hat an Schärfe jedenfalls verloren und ist nicht mehr die Triebfeder der gesellschaftlichen Entwicklung. Stattdessen beobachten wir diverse Gruppenkonflikte, in denen es um Anerkennung und Gleichberechtigung geht und die sich mit sozialstaatlichen Transfers allein nicht mehr lösen lassen. Das alles zeigt, wie anachronistisch eine orthodoxe Kapitalismuskritik sich ausnimmt, zumal sie in einem Werte- und Leistungsvergleich keine attraktive Alternative anzubieten hat.

Die Globalisierung hat dazu beigetragen, Gemeinschaften zu zersetzen und soziale Strukturen aufzulösen, und damit nicht selten auch zu sozialen Katastrophen geführt. Aber sie ist irreversibel. Ein Export- und Import-Champion wie Deutschland wird sich davon ohne Verluste nicht abkoppeln können. Genauso wenig wie von der europäischen Integration, denn kaum eine der zentralen Herausforderungen der Gegenwart ist noch im Alleingang, in der Reichweite nationaler Politik zu lösen. Die orthodoxe Linke stößt an diesem Punkt oft ins gleiche Horn wie die Rechtspopulisten und andere chauvinistische Kräfte, die das Heil im Rückzug sehen. Aber das Gegenteil ist wahr: Wir werden alles tun müssen, um Anschluss zu halten – und gleichzeitig einen Ordnungsrahmen durchsetzen müssen.

Das Wiedererstarken der Labour Party in Großbritannien unter Jeremy Corbyn u~~nd der relative Erfolg~~ von Bernie Sanders in den US-Primaries gegen Hillary Clinton erscheinen manchen in der SPD wegweisend. Aber der Schein trügt. Zwar ist auch in der Politik nichts faszinierender als der Erfolg, aber die Voraussetzungen, unter denen Corbyn und Sanders reüssierten, unterscheiden sich doch so deutlich von den Bedingungen bei uns, dass sich das Erfolgsmuster nicht einfach übertragen lässt.

Zwei ältere Herren – Corbyn ein eher traditioneller Sozialist, Sanders nach unserem Verständnis eher ein Sozialdemokrat – avancierten fast schon zu politischen Kultfiguren, weil sie seit mehreren Jahren glaubwürdige Gegner des angloamerikanischen Kapitalismus sind und einen Gegenpol zum utilitaristischen Verständnis von Politik im Establishment ihrer Länder bildeten. Damit setzten sich beide deutlich auch von vielen Parteifreunden ab. Sie konnten darüber insbesondere jüngere Wähler begeistern und mobilisieren, die nach einer stärker wertegeleiteten Politik und einem Kurswechsel hin zu mehr gesellschaftlicher Solidarität und Chancengerechtigkeit verlangen.

In den USA ist das «Washingtoner System» aus Regierung, Administration, Lobbying und Expertokratie derartig in Verruf, dass ein Politiker, der nicht darin verortet wird oder sich davon abzusetzen vermag, schon deshalb bei den Wählern gute Chancen hat. Hillary Clinton war so etwas wie ein Star des «Washingtoner Systems». Donald Trump verdankt den Einzug ins Weiße Haus wesentlich seinen Rüpeleien gegen dieses System, zu dem allerdings auch die oberen Zehntausend in New York gehören, in deren Pool Trump seit jeher schwimmt. Auf der anderen Seite des politischen Spektrums bot Bernie Sanders eine Projektionsfläche für die Ressentiments gegen Washington. Während Trump auf die Verletzungen patriotischer Amerikaner und die Ängste des weißen Mannes vor seinem an der Demografie ablesbaren sozialen Abstieg setzte, vermochte Sanders diejenigen anzusprechen, die sich über die zunehmende soziale Spaltung in der amerikanischen Gesellschaft, die Disparitäten in der Vermögensverteilung, die Selbstbedienungs- und Bereicherungsmentalität der Privilegierten und die fehlenden Perspektiven für die unteren Schichten empörten und trotz Barack Obama keine wirkliche Neuausrichtung der Politik sahen. Vor diesem Hintergrund wurde Sanders zur Lichtgestalt.

Nicht viel anders ist Jeremy Corbyn mit der Labour Party in Großbritannien einzuordnen. Die britische Gesellschaft ist weit mehr als die deutsche eine Klassengesellschaft. Von Margaret Thatcher über Labour-Regierungen, die ihr sozialistisches Erbe abzunabeln suchten und in einer boomenden Finanzwirtschaft statt einem modernisierten Industriesektor die Zukunft sahen, bis hin zu den jüngsten Tory-Regierungen kristallisierten sich in Großbritannien soziale Strukturen und ein regionales Gefälle heraus, die sich von dem deutschen Modell einer sozialen Marktwirtschaft und des föderalen Ausgleiches deutlich unterscheiden. Eine Entwicklung mit wenigen Gewinnern und vielen Verlierern lässt das Pendel zurückschlagen. Hinzu kommen die lange Vorgeschichte des Brexit-Referendums unter Premierminister Cameron und die offenkundigen Unzulänglichkeiten seiner Nachfolgerin Theresa May in den entsprechenden Verhandlungen mit der Europäischen Union. Sie offenbaren einen politischen Opportunismus beziehungsweise Dilettantismus, der viele Briten den Eindruck gewinnen lässt, dass ihr Königreich unter Wert regiert wird. Aus beiden Quellen speist sich der Aufstieg der Labour Party.

In Deutschland haben wir es dagegen – trotz erschreckender Bilder aus dem Bundestagswahlkampf – (bisher) weder mit auch nur vergleichbaren Vorbehalten gegen «Berlin» wie gegen das «Washingtoner System» zu tun noch mit einer sozialen Spreizung wie in den USA und Großbritannien. Trotz Armut und sozialer Deklassierung auch bei uns erfüllt der Sozialstaat seine ausgleichende und stabilisierende Funktion weitgehend. Und trotz regionaler Brennpunkte haben die Ausgleichsmechanismen im deutschen Föderalismus dazu geführt, dass der Verfassungsauftrag gleichwertiger (nicht gleicher!) Lebensverhältnisse in Deutschland bisher nicht zu einer Schimäre verkommen ist.

Die politischen Gegenpole für Corbyn in Großbritannien und Sanders in den USA lagen beziehungsweise liegen weit entfernt und erleichtern deshalb die Profilierung. Den Sozialdemokraten in Deutschland fällt eine Abgrenzung sehr viel schwerer. Sie sehen sich einer gewieften konservativen Kanzlerin gegenüber, die ihre Partei sozialdemokratisiert hat und bedenkenlos das geistige Eigentum der Sozialdemokratie übernimmt, wo es ihr nützlich sein kann. Das macht es der SPD schwer, ihre Erfolge als solche zu kommunizieren.

Jeremy Corbyn, der manchen Träumen an einen glorreichen Sozialismus anhängt, die Privatwirtschaft zugunsten eines Interventionsstaates zurückdrängen will und auch an Verstaatlichungen denkt, liefert genau wie die Labour Party, die im Übrigen schon immer etwas anders tickte als die SPD, allenfalls einige Elemente, aber keine Blaupause für einen Neuanfang der SPD. Bernie Sanders bleibt als ein erfreulicher Beweis in Erinnerung, dass es auch das andere Amerika gibt.

Nach zwei verlorenen Bundestagswahlen in Folge und einem Debakel im September 2017 kann das Schlüsselwort nur lauten: «Neuanfang» oder «Neuerfindung». Davon reden fast alle. Aber

gesagt ist nicht getan. Es gibt keinen Schalter, der einfach ange-
knipst werden kann. Am Anfang sollte auch nicht das Mantra
zur Geschlossenheit stehen, sondern in der Tat die schonungslose Betrachtung der Lage. Denn dieser Prozess einer Erneuerung wird Konflikte wecken (müssen) und Leibschmerzen be-
reiten. Er wird manchem Platzhalter an die Nieren gehen.
Vielleicht müssen einige Figuren, die keinen einzigen Pass nach
vorn spielen, sondern sich nur gegenseitig die Bälle zuschieben,
sogar vom Spielfeld genommen werden.

Die SPD muss sich zunächst ein zutreffendes Bild von Land
und Leuten mit deren vordringlichen Problemen und Erwartungen verschaffen. Dann wird sie ihre politische Mission und
ihre Botschaft für das 21. Jahrhundert auf der Grundlage ihrer
Werte neu bestimmen, sich die notwendigen Kompetenzen an-
eignen und ihre Kommunikation im Umgang mit einer fundamental gewandelten Öffentlichkeit anpassen müssen. Von sys-
tematischer Personalentwicklung und der Notwendigkeit einer
Reorganisation, die mir näher zu liegen scheinen als ein neues
Grundsatzprogramm, war bereits ausführlich die Rede.

In den ersten Wochen nach der Bundestagswahl konnten
Mitglieder, Freunde und Beobachter der SPD nicht den Eindruck gewinnen, dass die Parteielite den Knall wirklich gehört
hatte. Da gab es Balgereien um Posten und Positionen auf offener Bühne. Jeder wusste etwas über den Parteivorsitzenden zu
erzählen. Seine hundertprozentige Kür nur Monate zuvor mu-
tete wie eine Fantasy-Story an. Der Vorsitzende wiederum, mit
dem Steckschuss von 20,5 Prozent im Bein, verheddert sich in
den Fallstricken interner Machtzirkel. So bot die SPD denn
über Wochen das Bild der «üblichen Flügeleien, Nabelschauen
und Selbstdarstellungspirouetten» (Heribert Prantl), so als wolle
sie masochistisch die 15 Prozent ansteuern.

In der SPD zeichnete sich wieder einmal eine lähmende und unersprießliche Frontstellung ab. Die Unterscheidungen in «Modernisierer oder Traditionalisten», «Pragmatiker oder Visionäre», «Regierungs-SPD oder Partei-SPD», «Seeheimer oder parlamentarische Linke» sind keineswegs nur oberflächliche Zuordnungen. Aktuell könnte noch «Corbyn oder Macron» hinzugefügt werden. Hinter diesen Zuordnungen stehen grundlegende inhaltliche und strategische Differenzen, die regelmäßig mit dem Firnis der Geschlossenheit übertüncht werden müssen, um die SPD als Einheit erscheinen zu lassen.

Die eine Schlussfolgerung aus der Wahlniederlage, nun das Heil in der gesellschaftlichen Mitte zu suchen, und die gegenteilige Schlussfolgerung, sich deutlich nach links zu bewegen, stehen genau für diese Zerrissenheit und werden die Spannungen zwischen den Flügeln nicht aufheben. Ein Weg nach vorn kann nur gefunden werden, wenn es der Partei gelingt, das Rechts-Links-Denkmuster aufzugeben, also die Flügel einzuziehen und deren Chefideologen gegebenenfalls zu stutzen.

Auf einem solchen Weg kann sich die SPD auszeichnen, wenn sie

- Wirtschaft und Wachstum zur Wohlstandssicherung fördert und sich zugleich für eine notwendige Zähmung des digitalen und Finanzkapitalismus einsetzt;
- für einen freien Welthandel eintritt und zugleich auf faire Handelsbeziehungen und die Verankerung von Sozialstandards drängt sowie der Globalisierungsdynamik eine nationale Identifikation entgegensetzt;
- die Digitalisierung und den technischen Fortschritt insgesamt in Deutschland fördert und zugleich deren Auswirkungen auf die Arbeitswelt berücksichtigt, das Kartell- und Wettbewerbsrecht geltend macht und eine digitale Grund-

rechtecharta zum Schutz von Individualrechten, Meinungsfreiheit und Herstellung von Transparenz voranbringt;

- die europäische Integration und Solidarität fördert und dabei eine weitere Demokratisierung europäischer Institutionen betreibt, gleichzeitig aber auf eine Rückverlagerung von Kompetenzen drängt, die bürgernah und besser auf den unteren Ebenen der Mitgliedstaaten erledigt werden können;
- für eine weltoffene, tolerante und humane Gesellschaft eintritt und zugleich dem Gewalt- und Justizmonopol des Staates alle notwendigen Mittel und Verfahrensabläufe zuordnet, um Recht und Ordnung in Deutschland durchzusetzen;
- eine Leistungsgesellschaft als notwendigen Motor für Fortschritt befördert und zugleich für den gesellschaftlichen Zusammenhalt und Sozialstaatlichkeit sorgt;
- Eliten fördert und zugleich die Chancengerechtigkeit für Kinder aus bildungsfernen Schichten herstellt;
- Mehrheiten zur Geltung bringt und zugleich Minderheiten schützt und gleichstellt;
- sozial Schwache fördert und sie zugleich auffordert, die Solidargemeinschaft durch eigene Anstrengungen zu entlasten;
- für ein robustes und demografiefestes Sozialversicherungssystem sorgt und zugleich zu mehr Eigenvorsorge motiviert;
- einen starken und handlungsfähigen Staat vertritt, zugleich die Privatsphäre der Bürger schützt und die schöpferischen Kräfte in allen Bereichen der Gesellschaft freisetzt;
- die Integration von Zuwanderern fördert und zugleich die einheimischen Verlierer sowie sich vernachlässigt fühlende Bürger berücksichtigt, also eine doppelte Integrationsleistung vollbringt.

Dieses Sowohl-als-auch bedeutet die Überwindung der dualen Sichtweise auf gute Arme und böse Reiche, profitsüchtige Unternehmer und ausgebeutete Arbeitnehmer, diskriminierte Migranten und ausländerfeindliche Einheimische, humane Flüchtlingshelfer und obstinate Spießbürger, ökologische Gutmenschen und industrielle Betonköpfe. Es könnte eine Klammer sein, mit der sich die SPD von anderen Parteien unterscheiden und absetzten kann – von einer CDU/CSU, die programmatisch weitgehend entkernt worden ist und dem gesellschaftlichen Wandel immer hinterherhinkt; von einer FDP, die immer noch im untauglichen Antagonismus von «Staat versus Markt» gefangen ist; von den Grünen, deren moralische Selbsterhöhung und Volkspädagogik verstören und nur allzu oft praktischer Politik im Wege stehen; von einer Linkspartei, die ihr altbackenes Rüstzeug nicht abwerfen kann und als «Mischung aus Staatsgläubigkeit und Bettelsuppen-Rhetorik» (Gerd Koenen) erscheint; und selbst von der AfD, wenn nämlich deren Wähler enttäuscht feststellen, dass die Partei nur Ressentiments und eine «abgestandene identitäre Ideologie» (Jürgen Habermas) anzubieten hat, aber keine brauchbaren Lösungen.

Manch einer mag sich bei dem, was ich hier skizziere, an die Politik des «Dritten Weges» der Sozialdemokratie in den neunziger Jahren erinnert fühlen, wie sie von den New Democrats in den USA und New Labour in Großbritannien betrieben wurde und sich ansatzweise auch in der rot-grünen Koalition in Deutschland fand. Diese Politik stieß damals auf höchstes Misstrauen der «traditionalistischen» Linken und auch auf harsche Kritik, wie die Reaktionen auf das Schröder-Blair-Papier vom Juni 1999 zeigten. Ausgeblendet werden sollte allerdings nicht, dass die Sozialdemokratie in vielen Ländern nach einer Hochkonjunktur in den siebziger Jahren bis weit in die Neunziger hinein als erstarrt, altmodisch, interventionistisch, fortschritts-hemmend und deshalb als abgemeldet galt. Sie musste sich – nicht unähnlich ihrer heutigen Lage – neu sortieren, und dies fand seinen Ausdruck in der Politik des «Dritten Weges», die der Überzeugung folgte, dass linke Volksparteien nicht länger in der bloßen Verteidigung von Strukturen erfolgreich sein können, sondern Antworten auf den globalen ökonomisch-technischen Wandel geben und ihre Gesellschaften modernisieren müssen.

Nachdem die konservative Revolution von Ronald Reagan und Margaret Thatcher genügend Verwüstungen angerichtet hatte und das christdemokratische Zeitalter in Deutschland nach 16 Jahren unter Helmut Kohl in einer bleiernen Zeit auslief, konnten charismatische Führungsfiguren wie Bill Clinton, Tony Blair und Gerhard Schröder die Wähler mit ihren Konzepten zur Modernisierung elektrisieren. New Labour regierte 13 Jahre in Großbritannien, solange wie keine andere sozialdemokratisch oder sozialistisch geführte Regierung in der EU seit der sozialliberalen Koalition unter Brandt und Schmidt. So gewann dann auch Gerhard Schröder die Bundestagswahl 1998 mit einer Kampagne, die unter der Doppelbotschaft «Innovation und Gerechtigkeit» ein sozialdemokratisches Kernanliegen mit einem Politik- und Reformkurs kombinierte, der offensiv auf die Zukunft in einer globalisierten Welt gerichtet war.

Dieser zeitliche Kontext sollte bei der Bewertung des damaligen Konzeptes eines «Dritten Weges» nicht verlorengehen. Richtig ist aber zweifellos, dass dieses Konzept viel zu stark vom Zeitgeist der Marktgläubigkeit, Deregulierung und Globalisierungseuphorie infiziert war. Die Politik des «Dritten Weges» hat nicht wenige Verlierer zurückgelassen. Viele Mitglieder der SPD und Wähler (auch in anderen Ländern) empfanden diesen Kurs als Verrat an der sozialdemokratischen Sache und als Verletzung der sozialdemokratischen Seele, was eine linke Flanke weit öffnete. Es hat handwerkliche Fehler gegeben – inzwischen hat die SPD neun (!) Hartz-IV-Reformen durchgesetzt –, und ich will mich auch nicht davor drücken, eigene Fehler und Fehleinschätzungen zu gestehen.

Dessen ungeachtet ist es jedoch an der Zeit, dass die SPD ihre Selbsttraumatisierung aus der Agenda-Politik 14 Jahre nach deren Verabschiedung endlich überwindet, zumal sich diese ja nicht nur auf die Hartz-Gesetze erstreckte, sondern viel breiter angelegt war. Trotz der Fehler und Irrtümer halte ich daran fest, dass diese Politik im Grundsatz richtig war und das Land heute unter dem Strich besser aufgestellt ist als Ende des letzten Jahrhunderts, als es in Analogie zum kranken Mann am Bosporus hundert Jahre zuvor vom britischen Wirtschaftsmagazin *Economist* nicht frei von Häme als kranker Mann in Europa bezeichnet wurde. Elf Jahre später, 2010, erklärte das gleiche Magazin Deutschland dank dieser Reformpolitik zum Powerhouse Europas. Einem Sozialdemokraten wie mir ist es ein Ärgernis, dass die politische Rendite daraus ausgerechnet Angela Merkel zugefallen ist, die als damalige Oppositionsführerin der Union diese Reformpolitik in der parlamentarischen Beratung 2003 abgelehnt hatte. Im Übrigen ist allen in und an der SPD Verzweifelten in Erinnerung zu rufen, dass es die «Schröder-Hartz-IV-Agenda-2010-SPD» (Kurt Kister) war, die bei der Bundestagswahl 2005 mit 34,2 Prozent deutlich erfolgreicher abschnitt als die SPD des schlechten Gewissens bei allen Bundestagswahlen seither. Aus diesem stetigen Niedergang der Wahlergebnisse lässt sich eines mit Sicherheit nicht ableiten: die Forderung, die SPD möge doch bitte weiter nach links rücken.

Die Hypotheken aus dem ersten Versuch, eine Politik des «Dritten Weges» zu konzipieren und in die Tat umzusetzen, sollten nicht – schon gar nicht reflexartig – zu einer pauschalen Ablehung und mentalen Selbstblockade führen. Aus Fehlern kann man lernen. Die Marktgläubigkeit ist nach der Finanz- und Bankenkrise, die 2008 eskalierte, einer nüchternen Betrachtung gewichen, in welcher der instrumentelle Charakter des Marktes und seine Effizienz im Vordergrund stehen und nicht, von Ausnahmen abgesehen, eine ordnungspolitische Ideologie und die blinde Orientierung an stupiden Modellen. Die Deregulierungsarie ist der Erkenntnis gewichen, dass der entfesselte Kapitalismus des 21. Jahrhunderts straffer Zügelführung bedarf, wenn weitere Wettbewerbsverzerrungen und Machtballungen unter Inkaufnahme andauernder Umwelt- und Klimaschäden, der Missachtung der Menschenwürde und erhöhter Risiken für ganze Gemeinwesen verhindert werden sollen.

Die Globalisierungseuphorie hat längst Kräfte einer Gegenbewegung geweckt, in der sich Angst und Misstrauen ausdrücken, dass Jobs verlorengehen, Qualifikationen entwertet, kulturelle Merkmale nivelliert und Traditionen und Lebensweisen untergraben werden. Aber weder ist die Globalisierung rückgängig zu machen – jedenfalls wird sich das Zentralkomitee der chinesischen KP von einem entsprechenden Parteitagsbeschluss der SPD kaum beeindrucken lassen –, noch erscheint eine Deglobalisierung erstrebenswert. Abgesehen davon, dass sie wirtschaftlich nicht eben verheißungsvoll ist, wäre sie auch nicht spannungsfrei und mindestens so destruktiv wie die Globalisierung, sagt Ökonomie-Nobelpreisträger Joseph Stiglitz. Also muss zwischen diesen beiden Polen eine Synthese gefunden werden – eben ein dritter Weg.

In der Ausrichtung linker Politik auf den Gegensatz von Arbeit und Kapital, auf eine «leere Gerechtigkeitshülse» (Björn Böhning), die dann maßgeblich durch Umverteilung über Steuern ausgefüllt wird, und eine Sozialpolitik nach dem Credo «viel hilft viel» – mit einem stark alimentierenden Effekt und einem weitgehenden Bestandsschutz – dürfte der SPD kein Neuanfang gelingen. Wenn das Verharren in alten Denkmustern dann auch noch gemixt wird mit einer Vernachlässigung der unternehmenden Unternehmer, einer technologiekritischen Grundhaltung, einem Kontaktabriss zu gesellschaftlichen «Vorfeldorganisationen» wie Vereinen sowie einer zu geringen Affinität zu den Themen innere Sicherheit und Rechtsstaat wird die SPD ihren Sinkflug fortsetzen und den Charakter einer Volkspartei verlieren. Dann steht ihr die «schlimmstmögliche Wendung» bevor.

Um dem zuvorzukommen, könnte ein «Neuer Dritter Weg» eine Anleitung bieten. In einer solchen Ausrichtung würde sich die SPD als eine der Zukunft und Modernisierung zugewandte Partei profilieren, die ihr Augenmerk auf wirtschaftliche Prosperität und gesellschaftlichen Zusammenhalt gleichermaßen lenkt, sich einer demokratiekonformen Marktwirtschaft und einem vorsorgenden Sozialstaat verpflichtet weiß, Rechtsstaatlichkeit und innere Sicherheit durchsetzt und dem Bedürfnis der Bürger nach kultureller Identität nachkommt. Rechtes oder linkes Flügelschlagen verspricht kein Fortkommen mehr – schon gar nicht bei undogmatischen Wählern, die die breite Mehrheit stellen.

Bei allem, was zur Erneuerung der Partei nötig ist, behalten die drei zentralen Botschaften, von denen weiter oben die Rede war, ihre Aktualität: Europa, Freiheit im digitalen Kapitalismus und der Zusammenhalt der Gesellschaft. Allerdings müssen hier noch drei weitere Felder erwähnt werden, auf denen die SPD meines Erachtens Nachholbedarf hat:

1. die Wirtschafts- und Finanzpolitik,
2. die Zuwanderung, insbesondere die Wiedererlangung rechtsstaatlicher Kontrolle einschließlich der Bekämpfung von Kriminalität und
3. der Generationenkonflikt, insbesondere die Berücksichtigung der Interessen der jüngeren Bürger.

Wirtschafts- und Finanzpolitik Ich hänge immer noch an den Worten eines Profis der Demoskopie, der mir und anderen vor Jahren erklärte, dass Wahlen außer über die Persönlichkeit der Spitzenkandidatin oder des Spitzenkandidaten maßgeblich über Kompetenzen entschieden werden, die auf drei Mehrheiten zielen: eine soziale, eine wirtschaftliche und eine kulturelle Mehrheit. Die SPD setzt fast ausschließlich auf ihre soziale Kompetenz, in deren Küche sich der überwiegende Teil der Funktionselite aufhält, Rezepte kreiert und sich gegenseitig wärmt. Sie weiß seit Jahren, dass ihre wirtschaftliche Kompetenz unterentwickelt ist, schafft es aber nicht, trotz mancher guter Vorlagen dieses Manko zu wenden. Ihre kulturelle Kompetenz war unter Willy Brandt und Helmut Schmidt und dann noch einmal in einem Aufblitzen unter Gerhard Schröder hoch. Sie galt nach dem gesellschaftlichen Muff und der Bigotterie der ersten Jahrzehnte der jungen Bundesrepublik und dann in der Stagnation der letzten Jahre der Kohl-Ära als fortschrittlich, modern, aufgeschlossen für individuelle Lebensentwürfe und auf vielen kulturellen Ebenen als neugierig und dynamisch. Angesichts einer regressiven kulturellen Tendenz wäre es heute umso wichtiger, dass der SPD wieder eine vergleichbare Kompetenz zugetraut wird.

Gerade weil sie eine sehr heterogene Wählerschaft ansprechen und erreichen muss, weil sie Bündnisse zwischen verschiedenen Gruppen für die gemeinsame Sache einer offenen Gesellschaft mit Halteseilen und intakten staatlichen Strukturen sowie für eine wettbewerbsfähige Wirtschaft mit einem effizienten Sozialstaat schmieden muss, um ihre Wahlergebnisse zu maximieren, ist sie darauf angewiesen, in der Bandbreite aller drei Kompetenzfelder anerkannt zu sein. Nur in der Klammer sozialer, wirtschaftlicher und kultureller Kompetenz gelingt ihr ein Wiederaufstieg in die Champions League, was spiegelbildlich einem «Neuen Dritten Weg» entspricht.

Ich bleibe bei meiner These, dass die bescheidene Zuweisung an wirtschafts- und finanzpolitischer Kompetenz auf das Imageproblem der SPD zurückgeht, zwei Parteien in einer zu sein: Regierungs-SPD und Partei-SPD. Mir fallen im Rückblick auf fünf Jahrzehnte viele sozialdemokratische Wirtschafts- und Finanzminister auf Bundes- auf Landesebene sowie Bürgermeister und Landräte auf der kommunalen Ebene ein, die im Kopf gut sortiert und im Handeln abgewogen waren und über die Parteigrenzen hinweg Anerkennung genossen, sodass die Ursache dieses Defizits nicht auf die praktische Politik der SPD zurückgeführt werden kann. Nicht selten waren deren Verantwortungsträger für die Wirtschaft verlässlicher als die der CDU/CSU, wenn man zum Beispiel an den Kernenergie-Konsens zwischen der rot-grünen Bundesregierung und den Energieversorgungsunternehmen vom Juni 2000 denkt und sich dann an die anschließenden Pirouetten der Union erinnert, Laufzeiten zunächst zu verlängern, dann aber von heute auf morgen die Schließung der Kernkraftwerke zu beschließen.

Im Strom der sich überschlagenden Nachrichten aus dem letzten Bundestagswahlkampf ging unter, dass die Führung der Partei-SPD sehr wohl geliefert und auf dem Gebiet der Wirtschafts- und Infrastrukturpolitik eine Reihe von Konzepten und Initiativen vorgelegt hat. Sie bieten eine Menge Stoff, sodass sich die Wirtschaftskreise ernsthaft damit beschäftigen sollten, statt gewohnheitsmäßig nur die politische Post der Union (oder auch wieder der FDP) zu lesen, und sind in vielerlei Hinsicht weiter als die Vorstellungen der Konkurrenz. Dagegen erscheint die Union in ihrem Selbstverständnis, es genüge, die Spitze der Regierung zu stellen, konzeptionell sehr viel weniger ehrgeizig.

Nicht zu leugnen ist allerdings, dass in der SPD eine gewisse «Ökonomieferne» (Manfred Lahnstein) festzustellen ist, die tendenziell auch mit dem Wandel ihrer Mitgliederstruktur zu tun hat. Sie ist immer stärker zu einer Partei des öffentlichen Dienstes geworden und hat darüber an einer qualifizierten und mit dem wirtschaftlich-technischen Wandel vertrauten Facharbeiterschaft verloren, aber ebenso an freien Berufen, Vertretern des Handwerks und des Mittelstandes sowie an Wirtschafts- und Steuerprüfern oder den heute viel besungenen Existenzgründern. Bisher ist es kaum gelungen, wenigstens in den Führungsgremien der Partei und im Kreis der Delegierten von Parteitagen für eine breitere Abbildung wirtschaftlichen Sachverstandes und beruflicher Erfahrungen zu sorgen. So ließe sich das Problem der «Ökonomieferne» angehen und das Image der Partei-SPD umkrempeln. In dem Essay von Ralf Dahrendorf, dem sich der Titel dieses Buches verdankt, las ich den Satz: «Was immer die ältere sozialistische Theorie über den Primat des Ökonomischen gesagt haben mag, gerade auf das Ökonomische verstanden Sozialdemokraten sich nicht.» Der Satz tut weh.

Es führt kein Weg daran vorbei, dass die SPD ihre wirtschafts- und finanzpolitische Kompetenz personell wie fachlich aufmöbeln muss. Innerparteilich sind die entsprechenden Fachpolitiker aufzuwerten. Zwei oder drei Spitzenleute, die das Format dafür haben, müssen ins Schaufenster der Partei gestellt werden. Wenn die *Süddeutsche Zeitung* auf ihrem jährlichen Wirtschaftsgipfel in Berlin die Crème aus Wirtschaft, Wissenschaft und Forschung versammeln kann, dann muss die SPD das schon lange können. Aus den eigenen Reihen müssen sich frische Kräfte auf dem Feld der Wirtschafts- und Finanzpolitik profilieren können, externe Fachleute sollten regelmäßig umworben werden. Dazu bedarf es entsprechender Freiräume und der Unterstützung durch die Partei- und Fraktionsspitze. Ob das 2013 gegründete Wirtschaftsforum der SPD je Einfluss auf die Parteispitze gehabt hat und eine öffentliche Wirkung erzielte oder – wie der Managerkreis der Friedrich-Ebert-Stiftung – eher das Dasein einer Geheimloge führt, vermag ich nicht zu beurteilen. Der Ansatz ist richtig, eine Überarbeitung des Konzepts allerdings wohl dringend erforderlich.

Die wirtschaftspolitische Kompetenz der Partei wird sich vorrangig auf folgenden Gebieten beweisen müssen: bei der Digitalisierung der deutschen Wirtschaft und den entsprechenden Auswirkungen auf Arbeitswelt und Arbeitsplätze, bei der Errichtung einer modernen Infrastruktur einschließlich einer ebenso sicheren wie kostenadäquaten Energieversorgung, beim Ausbau der Datenautobahnen, bei der Förderung von Existenzgründern, bei der Vermeidung eines Fachkräftemangels im Zuge der demografischen Entwicklung, bei der Förderung von Forschung und Entwicklung, bei der Ausbildung insbesondere technischer und naturwissenschaftlicher Berufe und bei der Beseitigung von überflüssigen bürokratischen Auflagen.

In der weiteren Betrachtung der Wirtschafts- und Finanzpolitik sollte der Fokus gerichtet sein auf

- ein leistungsgerechtes Steuersystem, wozu nach meinem Dafürhalten eine Abschaffung des Soli gehört – in einem ersten Schritt bis zu einem Jahreseinkommen von etwa 60 000 bis 70 000 Euro, was die mittleren und unteren Einkommensbezieher entlasten würde –, sowie im Unternehmenssteuerrecht die Abschaffung der steuerlichen Benachteiligung von Investitionen, die aus Eigenkapital finanziert werden (gegenüber fremdfinanzierten Investitionen);
- die Überprüfung von Steuervergünstigungen, hinter denen massive Gruppeninteressen zum Schaden der Gesamtheit aller Steuerzahler stehen, einschließlich der absurden Regelungen im Mehrwertsteuersystem;
- die Bekämpfung von Steuerflucht und Steuerdumping, also die Durchsetzung von Steuerpflichten gegenüber Konzernen, die in Deutschland Gewinne erzielen;
- die Fortentwicklung und Anwendung des Kartell- und Wettbewerbsrechtes insbesondere mit Blick auf die Internetwirtschaft;
- die Konsolidierung und Regulierung (wozu auch die Durchforstung unwirksamer oder kontraproduktiver Regeln gehört) des Bankensektors und damit die Stabilisierung von Finanzmärkten;
- eine ausgewogene Kalibrierung der öffentlichen Haushalte zwischen Zukunftsinvestitionen, Haushaltskonsolidierung und der Förderung der Kaufkraft durch Entlastung der Steuerzahler.

Einige der von mir genannten Aufgaben können nur auf europäischer Ebene gelöst werden und bedürfen multinationaler

Abstimmungen und Initiativen. Deshalb wird sich eine wiedererstarkende SPD auch um Bündnispartner bemühen müssen, wofür sich in erster Linie natürlich sozialdemokratische Parteien in anderen Ländern anbieten. Leider kann die so genannte Sozialistische Internationale (SI) mit ihren fast 170 Mitgliedern weltweit wegen diverser nichtdemokratischer Parteien nicht als Stimme der Freiheit gelten. Auch deshalb ist sie in die Bedeutungslosigkeit gefallen – jedenfalls aus deutscher Sicht. Die Alternative der sogenannten Progressiven Allianz mit rund 80 Mitgliedern hat sich bisher nicht als besonders wirkmächtig profiliert.

So bleibt nur die Konzentration auf die sozialdemokratischen Parteien Europas, die in der so genannten SPE zusamengeschlossen sind. Nüchtern ist aber festzustellen, dass die SPE – etwas mehr als 30 sozialdemokratische und sozialistische Parteien – bisher keine kraftvolle Ausstrahlung zu entfalten vermochte. Sie ist aber die einzige «Gefäßform», in der die Sozialdemokratie in Europa politisches Gewicht auf die Waage bringen kann. Ganz abgesehen davon, dass die SPE mehr noch als die sozialdemokratische Fraktion im Europäischen Parlament der Ort sein müsste, wo sich Sozialdemokraten intensiv mit den Gründen für die Schwindsucht der Sozialdemokratie überall in Europa befassen. Die SPD als Dickschiff im Konvoi sozialdemokratischer Parteien in Europa wird diese Organisation kraftvoller gestalten müssen, wenn die Anliegen, die über die nationale Reichweite von Politik hinausgehen, eine Chance haben sollen, verwirklicht zu werden.

Zum Komplex der Wirtschafts- und Finanzpolitik noch vier kurze Anmerkungen. Was den nationalen Aspekt des Steuersystems betrifft, habe ich inzwischen von der Vorstellung Abstand genommen, dass sich darüber – mit Ausnahme der Erbschaftssteuer – große Sprünge in der Herstellung von Verteilungsgerechtigkeit erzielen lassen. Die Erhöhung von Steuersätzen in der Spitze kompensiert nicht die Mindereinnahmen durch Entlastungen im progressiv ansteigenden Tarif für die unteren und oberen mittleren Einkommen. Die Steuerquote – wie auch die Steuer- und Abgabenquote insgesamt – kann nicht ohne negative Rückwirkungen auf den internationalen Wettbewerb beliebig erhöht werden. Die Sekundär- und Tertiäreffekte von ins Gewicht fallenden oder gar steuersystematischen Änderungen sind im komplizierten Räderwerk der Steuergesetzgebung und bei dem ewigen Rennen nach Lücken und Umgehungsmöglichkeiten kaum kalkulierbar und zwingen – wenn sie eingetreten sind – zu Nachjustierungen mit der Folge, dass das Steuersystem noch komplizierter und komplexer wird. Ein lohnenswertes politisches Projekt wäre in diesem Zusammenhang eine Steuervereinfachung auch unter Inkaufnahme gewisser Einnahmeverluste. Damit könnte sich die SPD in weiten Kreisen in der Tat profilieren. Einen entsprechenden Vorstoß mit 23 konkreten Vorschlägen für kleinere und mittlere Unternehmen wagte ich im März 2015 zusammen mit meinem damaligen Fraktionskollegen Matthias Ilgen unter Einbeziehung des Sachverstandes von Wirtschafts- und Steuerprüfern aus Hamburg und München sowie einigen jungen Unternehmern. Unser Vorschlag blieb in der SPD-Bundestagsfraktion ungehört.

Dann eine Bemerkung zur Gruppe der unteren Einkommensbezieher, die gar nicht oder kaum durch Steuern, sondern vielmehr durch Sozialversicherungsabgaben belastet werden. Wenn die SPD für diese Gruppe wirklich eine nennenswerte Entlastung herbeiführen will, dann muss sie sich an eine Neuordnung der Sozialversicherungspflicht heranwagen – zum Beispiel durch Einführung einer Progression oder eine Freigrenze. Das wäre ein großes und sperriges Werkstück, aber allen sozialdemokratischen Schweißes wert.

Die Finanzierung eines robusten und demografiefesten Sozialstaates, der sich weit mehr als bisher von einem nachsorgenden zu einem vorsorgenden System entwickeln muss, bleibt auch in einem wirtschafts- und finanzpolitischen Kontext ganz oben auf der politischen Tagesordnung. Dagegen werden die problematischen Auswirkungen der extrem lockeren Geldpolitik auf Vermögenspreise, Produktivität, Marktverhältnisse, Löhne und Verteilungsrelationen bei weitem noch nicht prominent genug wahrgenommen. Die SPD sollte das ändern und sich dieses Themas annehmen.

Zuwanderung   Schon im Wahlkampf war es ein kapitaler Fehler, so zu tun, als ob nur einige verblendete und in Ressentiments verbohrte Kleinbürger dem Eindruck erliegen, dass rechtsstaatliche Strukturen zerfallen, Parallelgesellschaften entstehen und die Zuwanderung auch Probleme für die innere Sicherheit schafft. Es gibt nicht wenige gestandene Leiter städtischer Ämter, die in vertraulichen Gesprächen über rechtsfreie Räume klagen. Setzt die SPD in einer falsch verstandenen Liberalität und Indifferenz gegenüber diesen Wahrnehmungen ihre Linie fort, weil sie es sich mit dem «anständigen» Teil der Gesellschaft nicht verderben will, wird sie aus dem 20-Prozent-Turm nicht herauskommen. Auch hier gilt ein «sowohl als auch», muss ein «Dritter Weg» eingeschlagen werden zwischen der Gewährleistung einer weltoffenen, humanen und toleranten Gesellschaft und der Bereitstellung der notwendigen Mittel und Verfahren, den Rechtsstaat durchzusetzen, für innere Sicherheit zu sorgen und Zuwanderer auf die deutsche Rechtsordnung zu verpflichten. Die Grundrechte aller lassen sich nur in einem starken Rechtsstaat sichern.

Wenn der schon zitierte Vorsitzende des deutschen Richterbundes Jens Gnisa beklagt, dass derzeit 150 000 Haftbefehle gegen Bürger, die eigentlich ins Gefängnis müssten, nicht vollstreckt sind, wenn er auf die Vollzugsdefizite im Ausländerrecht hinweist und insbesondere die vielen Duldungen von Personen bemängelt, die eigentlich ausreisen müssten (darunter viele Mitglieder von Clans, die Teil der organisierten Kriminalität sind), wenn er die öffentliche Bewertung von Straftaten nach moralischen Kategorien in gut und böse beklagt und indirekt Politiker kritisiert, die nach hohen Strafen verlangen, gleichzeitig aber die Verfolgung von Delikten blockieren – dann beklagt er letztlich ein falsches Verständnis vom Rechtsstaat, das sich über die letzten Jahre eingeschliffen hat und an dessen Korrektur die SPD mit Hochdruck arbeiten sollte.

Will die Partei dieses Thema erfolgreich angehen, dann darf sie die Zusammenhänge zwischen Masseneinwanderung, islamistischem Terror und Integrationsproblemen einschließlich krimineller Aktivitäten (ein Drittel aller 2016 rechtskräftig Verurteilten hatte nicht die deutsche Staatsangehörigkeit) einerseits und der Gefährdung der inneren Sicherheit andererseits nicht tabuisieren. Sie muss Asylbewerber und Flüchtlinge vor Verallgemeinerungen und Vorurteilen schützen. Wenn die bereits erkennbaren Risse im Fundament unserer Gesellschaft sich nicht verbreitern und Rechtsausleger darüber Aufwind gewinnen sollen, dann muss sie zugleich aber darauf drängen, dass abgelehnte Asylbewerber und Flüchtlinge ohne Bleiberecht ausgewiesen und auch abgeschoben werden. Straffällige Ausreisepflichtige sind in Haft zu nehmen. Eine Steuerung der Zuwanderung über ein Einwanderungsgesetz ist unabweisbar. Darüber hinaus wird die Grenzschutzagentur Frontex zum Schutz der EU-Außengrenzen entsprechend auszurüsten sein, wenn das Schengener Abkommen nicht explodieren soll.

Das Versäumnis der SPD, bei diesem dominierenden innenpolitischen Thema seit 2015 kaum eigene wirkungsvolle Akzente gesetzt zu haben, erklärt zu einem Teil das Wahldebakel vom September 2017.

Die Bekämpfung der Ursachen des Zuwanderungsstromes, der künftig noch erheblich anschwellen könnte, zwingt zu einer völligen Neukonzeption der europäischen Entwicklungshilfe und des Verhältnisses zu den afrikanischen Staaten. Dieser Kampf wird erheblicher Ressourcen bedürfen, aber immer noch günstiger sein, als mit den Folgen unterlassener Hilfe fertig zu werden. Der Zusammenhang zwischen Klimaveränderungen und Flüchtlingsbewegungen ist so offensichtlich, dass dem Klimaschutz auch unter diesem Aspekt höchste Priorität einzuräumen ist, was allerdings nicht nur finanziell zu Buche schlagen wird, sondern auch auf erhebliche Anpassungen sowohl unserer Wirtschaft als auch unserer privaten Lebensführung hinausläuft.

Manchen Lesern mag diese Sicht eines Sozialdemokraten auf das Thema Flüchtlingsbewegung und innere Sicherheit zu rigide erscheinen. Wie Heinz Buschkowsky und Boris Palmer gehöre ich aber nicht zu denen, die aus Angst, am Pranger zu landen, ihre Überzeugung verstecken. Und meine Überzeugung ist, dass das hohe Gut unseres Asylrechtes im Kern nicht etwa durch staatliche Ordnungsmaßnahmen, sondern vielmehr durch einen staatlichen Kontrollverlust gefährdet ist. Wenn ein Rechtsruck in unserer Einwanderungsgesellschaft vermieden werden soll, bedarf es eines funktionsfähigen Rechtsstaates.

Generationenkonflikt Nach Landtagswahlen in den neuen Ländern bastelte ich mir meine eigene Wählerstatistik und kam zu dem Ergebnis, dass dort von allen Wahlberechtigten nur noch 5 bis 6 Prozent der unter 35jährigen die SPD gewählt hatten. Ein absolut deprimierendes Ergebnis!

Die Überalterung der SPD war bereits Thema. Sie führt nicht nur zu einer habituellen Vergreisung mit entsprechender Anmutung ihrer Veranstaltungen und ihrer Kommunikation aus Sicht der jüngeren Generation. Sie führt auch dazu, dass die Gegenwartsinteressen ihrer älteren und demnächst älteren Mitglieder und Wähler einen viel größeren Raum in der politischen Beachtung und im Erscheinungsbild haben als die Zukunftsinteressen der weniger zahlreichen und weniger einflussreichen Jüngeren. Dies lässt sich insbesondere an der Rentenpolitik dingfest machen.

Mir scheint es zwingend erforderlich, dass die SPD sich mit einem «Generationenvertrag» nicht nur im Sinne einer solidarisch finanzierten Altersversorgung, sondern grundsätzlich beschäftigt. Eine beachtliche Vorlage hat eine Generationenstiftung mit einem «Generationen-Manifest» geliefert, das von vielen Persönlichkeiten unterschrieben wurde. Dieses Manifest erschien in ganzseitigen Anzeigen Mitte September und Anfang Oktober und entsprach einer in meinem Freundeskreis schon länger geführten Debatte über den Stellenwert der Generationengerechtigkeit in der Programmatik und praktischen Politik der SPD. Von Gerechtigkeit ist bei uns viel die Rede, aber sie wird zumeist auf die Verteilungsgerechtigkeit verengt.

Das Generationen-Manifest erstreckt sich auf zehn Forderungen: Frieden, Klima, Bildung, Armutsbekämpfung, Gerechtigkeit, Unternehmenshaftung, Migration, Digitalisierung, Müll und einen Grundgesetzartikel für Generationengerechtig keit, nach dem Haftungsforderungen im Namen zukünftiger Generationen eingeklagt werden können. Wie Letzteres funktionieren soll, sei dahingestellt. Aber mit Sicherheit betreffen die neun vorgenannten Punkte nachhaltig die Lebensumstände und Lebenschancen nachfolgender Generationen. In der einen oder anderen Broschüre der SPD finden fast alle ihren Niederschlag. Neu und wegweisend wären ihre Zusammenfassung unter der Überschrift Generationengerechtigkeit und eine entsprechende politische Hinwendung zu den Zukunftsinteressen jüngerer Generationen – nicht zuletzt, um für sich selbst einen Jungbrunnen zu schaffen.

Am Schluss dieses Kapitels noch einige Bemerkungen zur wachsenden Bedeutung des personalen Faktors in der Politik und insbesondere in Wahlkämpfen. Einen Vorgeschmack darauf, dass auch bei uns bald amerikanische Verhältnisse einziehen könnten, vermittelten das Getöse um die Wahlkampfauftritte des ehemaligen Bundesministers Karl-Theodor zu Guttenberg und die ins Kraut schießenden Spekulationen, ob und wann er denn nun aus seinem USA-Exil zurückkehre. Man kann das für grotesk halten oder für eine Marotte des Boulevards. Aber unter dem Strich lenken solche medialen Inszenierungen den Blick auf eine Entwicklung, die nicht ignoriert werden sollte: die Fokussierung der Medien auf die «Performance» des Mannes oder der Frau an der Spitze. Das ist natürlich nichts Neues. Aber anders als in den Zeiten von Adenauer, Brandt, Schmidt, Strauß, Kohl oder Schröder finden sich in der heutigen Politikergeneration in Deutschland offenbar so wenig markante Persönlichkeiten, dass die Sehnsucht nach eigenständigen und eigenwilligen Figuren beim Wähler umso stärker geworden ist. Viel Glanz täuscht dabei leicht über mangelnde Substanz hinweg.

Die Politikverdrossenheit, die in manchen europäischen Ländern bereits zu einer massiven Verwerfung des politischen Establishments geführt hat, befördert diese Personalisierung. Mit der Entwertung politischer Programmatik geraten Ego-Shooter ins Blickfeld wie Donald Trump in den USA oder, mit Abstrichen, Sebastian Kurz in Österreich, aber auch über dem «System» aufsteigende Sterne wie Emmanuel Macron, die sich kaum noch oder gar nicht mehr einem Parteiprogramm verpflichtet oder auf eine Parteiorganisation angewiesen sehen. Im Gegenteil: Je größer ihre Distanz zum Apparat der Partei, in der sie großgeworden sind, desto attraktiver erscheinen sie. Sie kapern eine alte Partei, wie Donald Trump die Republikaner, gründen wie Emmanuel Macron aus dem Stand eine Bewegung oder überführen eine klassische Partei in eine «Liste Sebastian Kurz – die neue Volkspartei (ÖVP)».

Dieser Typus Wahlkämpfer organisiert seine Kampagnen nicht mehr nach dem bekannten Muster. Er bedient sich eingekaufter Berater und Eventmanager, beschäftigt Profis, die für ihn die Medienauftritte bis ins Detail verhandeln, und setzt seine Familienmitglieder ein, von der Ehefrau bis zum Enkel. Zwischen die unzähligen Fototermine, all die Bloggs und Posts wird hin und wieder eine kalkulierte Provokation als Aufmerksamkeitserreger platziert. Nur keine langatmigen Erklärungen mehr, weil alles über 140 Zeichen sowieso nicht mehr abgerufen wird. Erbitterte Wortwechsel auf Programmparteitagen, Redenauftritte in dampfenden Bierzelten, Straßenwahlkämpfe, bei denen Kugelschreiber verteilt werden, das alles gibt es höchstens noch in Form von Nostalgie-Videos im Begleitprogramm.

Ansätze zur Personalisierung und Banalisierung von Wahlkämpfen sind auch in Deutschland unverkennbar. Da sich die SPD wie kaum eine andere Partei als Programmpartei definiert und Wahlen in einem engen Kontext von Kandidat–Programm–Partei zu gewinnen sucht, wird sie sich mit dieser einschneidenden Veränderung von Wahlkämpfen beschäftigen und sich über eine Anpassung ihrer Strategie Gedanken machen müssen.

Epilog

Ralf Dahrendorfs Befund aus dem Jahre 1987, der im Prolog zitiert wurde, ist heute nicht weniger aktuell als vor dreißig Jahren. In ihrer ursprünglichen Mission, einen kruden Kapitalismus in den Rahmen einer sozialen Marktwirtschaft mit einem leistungsstarken Wohlfahrtsstaat einzuhegen, die Durchlässigkeit der Gesellschaft und den sozialen Aufstieg zu fördern und damit Klassengegensätze im Sinne einer befriedeten Gesellschaft zu entschärfen – also «eine anständige Gesellschaft, ohne Raubritter und Revoluzzer, ohne Ausbeuter und Aufrührer» (Dahrendorf) zu schaffen –, war die SPD so erfolgreich, dass darüber sogar andere Parteien sozialdemokratische Elemente übernommen haben.

Über ihre Qualifizierung und die Verbesserung ihrer materiellen Lage sind weite Teile der klassischen sozialdemokratischen Wählerschaft in andere soziale Milieus aufgestiegen und finden sich mit ihren Interessen und Anliegen bei anderen Parteien inzwischen teilweise besser aufgehoben. Ein kleinerer Teil ist in das «moderne» Prekariat abgestiegen und dort aus Enttäuschung politisch kaum noch zu erreichen. Über den wirtschaftlich-technischen Wandel und die Ausdifferenzierung von Lebensstilen im Zuge der Pluralisierung und Individualisierung der Gesellschaft hat sich aber nicht nur die Stammwählerschaft früherer Jahrzehnte verflüchtigt. Insgesamt ist die Wählerschaft der SPD heterogener und damit volatiler geworden. Auch die

Mitgliederstruktur hat sich verändert. Sie ist älter denn je, es dominiert der öffentliche Dienst mit einem häufig allenfalls rudimentären Verständnis der Ökonomie. Nicht wenige suchen unter dem Dach der SPD Schutz vor dem beschleunigten Tempo des Wandels.

Der Erfolg der Sozialdemokratie lässt ihr nur noch die Rolle eines Reparaturbetriebes in dem maßgeblich von ihr geschaffenen Wirtschafts- und Gesellschaftsmodell – als ein Art Klempner für die Verlierer und Zukurzgekommenen. Die SPD erscheine ihm als eine Kombination von «Pannenhilfe und Arbeiterwohlfahrt» schrieb Manfred Lahnstein einmal. Sie hat ihren Fortschrittsgeist verloren, wirkt strukturkonservativ und etwas verloren bei ihrer Suche nach der verlorengegangenen Mission. Die SPD weckt keine Begeisterung mehr, hieß es in Dahrendorfs Artikel 1987, und wer würde ihm heute widersprechen?

Seither sind jedoch völlig neue, vor dreißig Jahren kaum vorstellbare Bedrohungsszenarien aufgetaucht – und damit die Chance für die SPD, darüber eine Deutungshoheit zu gewinnen und wieder attraktiv zu werden.

Die massiven Umwälzungen in den Bereichen Wirtschaft, Technologie und Gesellschaft haben dazu geführt, dass der globalisierte Kapitalismus in seiner Dynamik heute über alles hinwegfegt, über die Souveränität von Nationalstaaten ebenso wie über supranationale normative Regelsetzungen. Die technologische Entwicklung eröffnet mit dem Quantensprung in die Digitalisierung fantastische Horizonte zum Nutzen und Wohlergehen der Menschheit, entfaltet aber auf der anderen Seite eine Kraft, die eine traditionelle Erwerbsgesellschaft aus den Angeln heben könnte. In der Hand weniger Internetgiganten kommt ein Machtpotenzial zusammen, das nicht nur die Frage nach den Möglichkeiten der individuellen und kollektiven Manipulation aufwirft, sondern mit Blick auf die ambitionierten Forschungen zur künstlichen Intelligenz auch die finale Frage, wer eines Tages eigentlich über das Schicksal der Menschheit entscheidet. Die Replikanten aus den Filmen «Blade Runner» (1982) und «Blade Runner 2049» (2017) lassen grüßen.

Westliche Gesellschaften erleben, dass die herkömmlichen Verteilungs- oder Klassenkonflikte ergänzt und zunehmend von Gruppenkonflikten überlagert werden, die in ihrer Zuspitzung auf einen Kulturkampf hinauslaufen, jedenfalls zu hochgradigen gesellschaftlichen Spannungen führen. Damit wird die liberale und demokratische Grundordnung bedroht, denn solche Konflikte um Identitäten, Selbstvergewisserungen und Beheimatung lassen sich in der Regel nicht durch die Transferleistungen des Sozialstaates befriedigen.

Zuletzt steht auch die europäische Einheit auf dem Spiel. Als historische Antwort auf die Selbstzerfleischung des Kontinents und die Menschheitsverbrechen in der ersten Hälfte des 20. Jahrhunderts ist sie gleichzeitig das derzeit aussichtsreichste Projekt für den Erhalt von Frieden, Liberalität, wirtschaftlicher Prosperität und Sozialstaatlichkeit. Durch die Verschiebung der globalen Gewichte – politisch, wirtschaftlich, militärisch und nicht zuletzt demografisch – ist dieses Projekt heute jedoch genauso bedroht wie durch die Renaissance nationalistischer und autokratischer Ideen in einigen Mitgliedstaaten, die längst nicht mehr als bloße Randerscheinung abzutun ist.

Vor dem Hintergrund dieser Entwicklungen zeichnet sich für mich die zukünftige Mission der SPD ab.

Noch freilich ist das «Elend der Sozialdemokratie» nicht überwunden. Weil das vertraute Rechts-Links-Muster nicht mehr funktioniert und die Partei zwischen einem Verteilungs-

und einem Wertekonflikt aufgerieben wird, muss die SPD alles daransetzen, den Links-Rechts-Gegensatz pragmatisch, auf der Grundlage ihrer unveräußerlichen Werte, auf die neuen Konfliktlinien zu übertragen und mit einer eigenen Vorstellung von einer starken Bürgergesellschaft anzutreten. Sie wird in Konkurrenz zu anderen Parteien einen «Neuen Dritten Weg» einschlagen müssen.

Ich bin davon überzeugt, dass sich eine Mehrheit durchaus eine sozialdemokratische Politik des Ausgleichs, der sozialen Balance und Fairness, der Gleichberechtigung und nicht zuletzt der Friedenserhaltung nach innen und außen wünscht. Die SPD gilt vielen als Stabilitätsanker: Gut, dass es sie gibt, aber gewählt wird sie deshalb nicht. Sie darf sich deshalb nicht länger darauf beschränken, eine Art Dienstleistungsagentur für die Alltagssorgen der Bürger zu sein. Sie muss weiterhin ihre Schutzfunktion für die «kleinen Leute» ausüben und für bezahlbare Mieten, auskömmliche Renten, gerechte Löhne oder den Zugang aller zu Bildung unabhängig vom sozialen Status der Eltern kämpfen. Sie muss aber einen visionären Entwurf hinzufügen und erläutern, wohin sie unsere Gesellschaft pragmatisch unter den obwaltenden Umständen – nicht in einer idealen Vorstellung – führen will.

Das sozialdemokratische Zeitalter ist nicht zu Ende! Es harrt einer neuen Aufladung im 21. Jahrhundert. Dabei geht es, wie ich in diesem Buch dargelegt habe, vor allem um drei zentrale Aufgaben: die Stärkung dieses wunderbaren Kontinents Europa, die Zähmung des Kapitalismus und die Stärkung der Bürgergesellschaft in einem handlungsfähigen Rechtsstaat. Aus einer solchen Triade lässt sich ein starker Gegenentwurf zu dem bloß reaktiven Politikstil und dem Mantra der Alternativlosigkeit à la Angela Merkel konzipieren.

Die SPD muss eine europäische und zugleich eine patriotische Partei sein. In diesem Sinne sollte sie Verbündete für die Zähmung des globalisierten Kapitalismus und die Einhegung wirtschaftlicher Macht gewinnen und zugleich für die Wettbewerbsfähigkeit der deutschen Wirtschaft eintreten. Sie sollte den technologischen Fortschritt fördern und zugleich seine Folgen, wo es sozial nötig und ethisch geboten ist, unter Kontrolle bringen. Sie sollte Verantwortung im Rahmen der westlichen Werte- und Interessengemeinschaft übernehmen und zugleich deutsche Interessen wahrnehmen. Sie sollte für Weltoffenheit und Liberalität unserer Gesellschaft einstehen und in der Debatte über eine zivile Bürgergesellschaft Wortführer sein, zugleich aber gegen soziale Regellosigkeit vorgehen und dem Rechtsstaat die Mittel zur Gewährleistung der inneren Sicherheit zur Verfügung stellen. Sie sollte sich allen schöpferischen Kräften öffnen und zugleich die Halteseile in einer solidarischen Gesellschaft straff halten.

Jenseits aller Grabenkämpfe zwischen Verantwortungsethikern und Gesinnungsethikern wird sich die SPD endlich auf einen Pragmatismus in sittlicher Überzeugung verständigen müssen. Ihre organisatorische, kommunikative und personelle Runderneuerung wird absehbar zu Zeter und Mordio führen. Aber da muss sie durch. Ihre Werte, ihr Sinn für Benachteiligte und Schwache, ihr Internationalismus, ihre Fähigkeit zur abwägenden Vernunft und ihr dialektisches Rüstzeug prädestinieren die SPD zur Verteidigung der Demokratie und des Rechtsstaates. Keine andere Partei als meine bringt aus ihrer Geschichte bessere Voraussetzungen mit, auch im 21. Jahrhundert eine treibende Kraft der politischen, wirtschaftlichen und sozialen Entwicklung zu sein. Sie muss dies wieder zur Geltung bringen.

Aktuelle Themen in C.H.Beck Paperback

Timothy Snyder
Über Tyrannei
Zwanzig Lektionen für den Widerstand
Aus dem Amerikanischen von Andreas Wirthensohn
4. Auflage. 2017. 127 Seiten. Klappenbroschur
Beck Paperback Band 6292

Michael Lüders
Die den Sturm ernten
Wie der Westen Syrien ins Chaos stürzte
5., aktualisierte Auflage. 2017. 176 Seiten mit 1 Karte.
Klappenbroschur
Beck Paperback Band 6273

Matthias Naß
Countdown in Korea
Der gefährlichste Konflikt der Welt und seine Hintergründe
2017. 192 Seiten mit 2 Karten. Klappenbroschur
Beck Paperback Band 6307

Die Welt im Jahr 2035
Gesehen von der CIA und dem National Intelligence Council
Das Paradox des Fortschritts
Aus dem Englischen von Christoph Bausum,
Enrico Heinemann und Karin Schuler
3. Auflage. 2018. 318 Seiten mit 18 Grafiken. Klappenbroschur
Beck Paperback Band 6294

Andreas Rödder

21.0

Eine kurze Geschichte der Gegenwart

2017. 496 Seiten mit 1 Abbildung, 8 Grafiken und 1 Karte.
Klappenbroschur

Beck Paperback Band 4503

Bart Somers

Zusammen leben

Meine Rezepte gegen Kriminalität und Terror

2018. 217 Seiten. Klappenbroschur

Beck Paperback Band 6309